領土とナショナリズム

―民族派と非国民派の対話―

一水会代表　木村三浩
東京造形大教授　前田　朗

三一書房

はしがき

　昨年3月ごろだと思うが、東京造形大学の前田朗先生よりメールをいただいた。同大学で先生が講義をされている政治学の時間に、我が国が抱える領土問題について話してくれないか、という依頼だった。私は即座にお引き受けした。なぜなら、主権、領有権を保持することがどういう意味を持つのか、右翼民族派の立場から学生たちに直接話しかけるチャンスだと感じたからだ。また、私の経験として、尖閣諸島・魚釣島に上陸して灯台を建て生活した話も彼らに伝えたかった。そんな経緯から昨年6月4日、11日、18日の3回に亘り、前田先生の講義の中で領土問題を語ることになった。

　ところが、200人近くいる学生たちに向けて自分の考えを述べるというのは、なかなか大変であった。ましてやさまざまな角度から深く掘り下げる前田先生からの鋭い質問を受けるとあっては尚更であった。一通り古い文献など読んではいたが、知らない部分もあり、教えられることが多かった。もちろん私も、右翼民族派活動家として、虚勢を張るのではなく、真摯に語ったつもりだ。

　昨今、書店に行けば領土問題華やかしき状態で、さまざまな解説本が店頭に並んでいる。かなりの対談本も刊行されているが、討論というよりはたいてい同じ一定の方向で評論家的な結論にまとめられてしまっている。しかし本書は、前田先生にしても私にしても、実践的な領土論の主張と根拠によって議論しており、学生たちに分かり易く提起している。したがって、領土問題とナショナリズムを考える上で、基本的であると同時に、生身の活動家がどのように領土問題と向き合っているかが理解できるはずだ。

今回、前田先生の胸をお借りして、東京造形大学で講義をさせていただいたことに、改めて感謝を申し上げたい。考え方、依拠している立場がまったく異なる者同士が、冷静に相手の立場を理解、尊重しながら議論をすることは刺激的かつ生産的である。私は常々「批判には相手の本質を高める役割がある」と考えている。それを素直に受け入れられるか否かは、個人の度量と誠実さにかかってくるが、私はそのように努めている。

前田先生と私の間にどのような視点で共通性・差異があるのかは本書から汲み取っていただくとして、一言だけ触れるならば、近代に対する認識、対米観、戦後秩序論などについて、共通して理解を得られる部分があるのではないかと思っている。しかしそれ以上に、これらの問題に対し、感情的にならず誠実に向き合おうという姿勢そのものにこそ、両者の相似性があるのではないか。ぜひその部分も感じ取っていただきたい。

平成25年3月20日　10年前にアメリカがイラク侵略を開始した日

木村　三浩

目次

本書に掲載の地図は、すべて富山県が作成した地図の一部を転載したものである。（平24情使第238号）

第1章　基本的立場

右翼・民族派とは何か

前田　一水会代表の木村三浩さんにお越しいただきました。北方領土、竹島、そして尖閣諸島をテーマにしていきます。それでは、木村さんから一水会と、ご自身の自己紹介をお願いします。

木村　皆さん、右翼とか左翼とか、そういう言葉は今あまり使わないと思いますが、右翼というものをご存知の方いますか？　右翼をどんなことで知っていますか？　街頭宣伝カーでしょうか。あるいは、小説家の三島由紀夫（作家、1925～1970年）を知っていますか？　ちょうど、若松孝二監督（映画監督、1936年～2012年、代表作『実録・連合赤軍 あさま山荘への道程』『キャタピラー』）の映画『11・25自決の日 三島由紀夫と若者たち』（2012年6月公開、主演・井浦新、カンヌ国際映画祭招待作品）が全国ロードショーで公開中です。基本的なことで述べるなら、右翼とは、この日本に対する愛着を持って、日本の歴史、伝統文化、日本で息づいてきた思想や考え方を守っていこうという心情、気持ちを持った人たちです。そして国内外の、日本の心情を批判する人たちに対抗していこうというのが、民族派の思想です。

前田　三島由紀夫も今では名前しか知らない人が増えてきました。

木村　三島由紀夫は、日本を代表する作家・劇作家・評論家です。一般によく知られた小説として『仮面の告白』、『潮騒』、『金閣寺』、『憂国』、『豊饒の海』があり、戯曲としては『鹿鳴館』、『サド侯爵夫人』が代表作です。そして、民兵組織「楯の会」を組織して、後の右翼・民族派に大きな影響を与えました。昭和45（1970）年11月25日、今は防衛省が市ヶ谷にありますが、当時は自衛隊東部方面総監部という施設がありました。そこに楯の会会員4人とご自分の5人で、東部方面総監室で益田兼利総監を縛り上げ、人質に取って立てこもりました。そして、「現行日本国憲法第9条は軍隊を否定しているから、否定されている自衛隊のあり方を正すために、共に決起して憲法改正しよう」と、いわばクーデターを訴えた。日本国憲法第9条は、陸軍、海軍、空軍を持ってはいけない、としています。交戦権、戦う権利も否定しています。しかし、現実に自衛隊は存在しているという大きな矛盾がある。憲法違反ですよね、自衛隊は。憲法で軍隊を持ってはいけない、戦争してはいけないと言っていながら、現実には自衛隊がある。この状況は違憲ですよね。ここに矛盾がある。これを突破するため、総監を楯に自衛隊員に対して、軍隊は何のために組織を作っているのか、軍人の職務とはいったい何なのか、軍人の職務は戦うことにあるんじゃないか、と問いかけたのです。戦うということはひょっとしたら死ぬことと隣り合わせになっている。自分の命をかけて、尊いものを守るのに、憲法で存在を否定されていて、そんな自衛隊が、何に対して魂を入れられるのか、と三島は訴えたわけです。そして、「自らを否定する法律に縛られていたら、本当に国を守るということにはなりませんよ」ということを言いました。そのために憲法に体をぶつけて、憲法を変えさせるために、自衛隊が自衛隊のためにクーデターを起こそうと言って、昭和45（１９７０）年11月25日に、市ヶ谷で行動を起こしたのです。

前田　三島の訴えは通じましたか。

木村　時代が違ったのかもしれませんが、自衛隊員は、三島の訴えに対して「今の自衛隊にそういうことを言っても無理です。時代は変わっていますよ。そんなこと自衛隊に求めたって、皆サラリーマンで誰も死ぬ覚悟なんてない」という反応だったわけです。自衛隊に入れば運転免許がとれるとか、そういう理由でやっているのだから、求めるハードルが高すぎるというのです。むしろ三島に対して罵声を浴びせた。「あなたが言っていることは間違っている、狂気の沙汰だ」と言ったんです。ただ、私から言わせると、実際、一つの行動に自分の命をかけて……その後、三島は割腹自殺をして、死に果てるのですが、そういう人間が覚悟を決めて行動を起こした時、そこには真実があるんです。皆さんは美術デザイン学校で、絵画やデザインなんかで真剣に作品を作る時、集中力、精神力をつぎ込み、思いっきりやるでしょう。いい作品ができるまで、自分が納得しなければ納得するまでやるだろうし、精魂込めて励むと思うんですよね。しかし、その百倍くらい、死を覚悟して訴えるというのは迫力もあるし、真実がある。そして本気で腹を切ったのです。軍隊とは尊い対象のために自分の命をかけることが本分なのだと。それなのに日本国憲法のような形で、サラリーマン自衛官になるのはおかしいと訴えた……そして、この行動で自裁された人々の真実を語った精神を継承していこうとして、一水会が創られたわけです。

前田　一水会は、三島事件を契機として、「保守の拠点か、変革の原基か」という思想的提起を掲げて創立されていますね。

木村　昭和47（1972）年5月30日創立です。一水会は、三島由紀夫と森田必勝（楯の会2代目学生リーダー、1945～1970年）……森田は「楯の会」の学生長をやっていたわけですが、三島と行動をともにしました。その魂と行動精神を守ろうということで創られました。そして、結成宣言は「吾人等は尊攘の精神の下に果敢な闘いを続けた先覚的維新者、特に来島恒喜、山口二矢、平岡公威（註：三島由紀夫）、森田必勝の維新的経験を非統一的に継承発展させんとする同志的結合体である。吾人等の団結を保障するものは理論的綱領的一致ではなく、心情的行動的一致である。維新を永久的浪漫対象とする吾人等は維新を阻害し停滞させる諸体制権力と対立し、その破壊を目的として行動する」というものです。そして現在の基本理念は「我々は日本の完全なる独立と、敗戦によって失われた国家の誇りと民族の尊厳を恢復するため、我が国の歴史・伝統・文化を基調に戦後民主主義の誤りをただし、道義的国民共同体を創造する。また、日本のみならず、世界のあらゆる民族を尊重し、戦勝国を中心とした現在の国連に対抗する国際組織と世界新秩序の樹立に向けて邁進する。この趣旨の実現に向け、我々は自省ある社会運動を実践し、維新変革の達成を期す」というものです。

前田　活動基本原則は五項目ですね。

木村　そうです。こういう基本理念で創られて、今年（２０１２年）で40年になります。

前田　一水会の基本理念や活動基本原則には憲法改正と書いていませんが、「戦後体制を否定」、「戦後民主主義の誤り」という言葉に憲法改正が含まれているのでしょうか。また、領土問題との関係ではヤルタ・ポツダム体制の打破ということでしょうか。

木村　そうです。集約的な意味で「戦後体制の否定」としていますが、もちろん「憲法改正」「自主憲法制定」も含まれています。さらに、「日米安保条約破棄」も入っています。そして、領土に関しても、北方領土、竹島の失地回復、尖閣諸島の領有権の明確化と実効支配の強化を訴えています。

前田　もう一点、領土問題との関係で先に伺います。民族派という時に、日本民族を想定されていると思いますが、日本には、アイヌ先住民族、大和民族、琉球民族という3つの民族が居住しているのではないでしょうか。「世界のあらゆる民族を尊重」するというのであれば、アイヌ民族はどうでしょうか。

木村　当然、アイヌ民族の生存権に発する伝統、文化、生き方は尊重します。ただ、自然に日本人と同化していっている状況にあると思います。もっというと、日本国籍を有するアイヌ人ということになっているのではないでしょうか。ここに差別があってはよくないですね。

前田　木村さんはいつごろ一水会会員になりましたか。

木村　一水会が設立されて数年後の昭和52〜3年に、一水会前代表の鈴木邦男さん（政治思想家・活動家、一水会顧問、1943年〜）……よく「朝まで生テレビ」等の討論番組に出演し、多くの著作がありますが、鈴木さんの『腹腹時計と〈狼〉』（三一書房、1975年）という本に触発されて、一水会の門を叩き、勉強会に参加して活動を継続し、この道に至っています。私自身が一水会代表になったのは平成12（2000）年ですから、今年で13年目です。

三島事件の頃

前田　三島事件の起きた1970年11月、私は中学3年生です。木村さんも中学生ですが、その時は、事件をどのようにごらんになっていましたか。

木村　中学2年生でしたが、当時は強いインパクトはなかったですね。特別な印象も憶えていません。

前田　私は、たまたまその時、東京の親戚のところに遊びに来ていて、国鉄（現・JR）山手線の田町駅の近くに泊まっていました。新聞を見て、記事にビックリしたのを覚えています。その後、書店には三島由紀夫の本が山積みになって、私も文庫本で『潮騒』と『金閣寺』を買いました。木村さんは、そんなにインパクトはなかったですか。

木村　その前の三里塚闘争（千葉県成田の三里塚における成田国際空港建設に反対する闘争）の少年行動隊とかですね、三里塚の農民の子どもたちが櫓にいろいろ持っていって、自分たちの土地を守る闘いをしていた報道の方が強い印象を持っています。私の姉が少し左翼的言説を説くという面もあり、影響を受けていたと思います。そのためか三島事件は当時はあまりピンとこなかったわけです。

右翼と左翼

前田　三里塚闘争も今の学生はまったく知らないと思います。１９６０年代に羽田空港が手狭になったため、成田に新しい国際空港をつくることになったのですが、三里塚現地の農民の頭越しに政府が勝手に建設を決めて強行したために、大きな反対運動が盛り上がりました。当時の左翼勢力が一所懸命闘っていました。当時の右翼・左翼とは違う意味で現在の「右翼・左翼」という言葉は使われているように思います。

木村　今は、心情的右翼、右翼活動家と、心情的左翼、左翼活動家を比較すれば、活動家の領域は人数の上では右翼の方が多いかもしれません。ところが一般的に、リベラルとか、民主主義的自由主義者とか、広い意味で諸々の人を含めて見ると、圧倒的に右翼はマイノリティです。少数派です。ただ、いずれにしても、左翼右翼という思想に基づいて活動をする人たちが、一般的に見ると、双方ともマイノリティになっています。

前田　今は左翼が壊滅して殆どいなくなっているかもしれません。ところで、今のお話で、自衛隊、軍隊が何を守るのかということが出てきました。その繋がりとして、「国家・ナショナリズムをどう考えるか」があります。国家一般の話をすると長くなり過ぎてとても無理ですが、木村さんが考える日本国家のあるべき姿、あるいは現状をどうご覧になっていますか。

木村　私は、国家を否定か肯定かといえば、肯定します。なぜ国家を肯定するかというと、やはり国家というのは「国の家」と漢字で書いて、家族の大きくなったようなシステムなのかなと考えます。キーワードで言えば「統合」と言えるかもしれません。日本の歴史でも、皇族やいろんな人が争いながらやってきたのですが、最終的に、今日まで日本国があって、そしてそれを守るために、また活用するために、いろんな人々が知恵を出して、国民も一所懸命に自分の自己実現ももちろんですが、やはり国の一員として支えてきているわけです。それは全体の資産だと思うわけです。ところが今、戦後のあり方は、国家というものの本来的な役割をあまり考えずに、個人万能主義の錯覚に陥っていると思います。国家を超えられるという思いがあるのではないでしょうか。

前田　個人主義が行き過ぎているということでしょうか。

木村　戦前は「私」を殺して「公」のために全部奉仕しなさい、「滅私奉公」という言葉があった。これが行き過ぎてしまったから問題視されたが、今は逆になっている。あえて言えば、個人の考えを制限すべきところは制限して、公に尽くしなさいと言いたい。それは、軍国主義の時代と同じだといわれるけれど、必ずしも軍国主義の発想とばかりは言えません。現に、今は反対になってしまった。公のことをあまり考えないで、私のことばかり考えている。「滅公奉私」だ。しかし2011年3月11日、大変な大震災による地震と津波が起きて、日本人の（世界もそうですが）認識が若干変わってきているとは思います。基本的には、公と私、社会と個人の関係が上手く調和していればいいのです。

前田　公を重視し過ぎると全体主義につながりませんか。

木村　ソビエト連邦という国が昔ありました。今はロシアになりました。他方でアメリカ合州国という国があります。ソ連邦とアメリカの国のシステムを考えるとどうかということですが、ソ連邦はかつて平等を建前として、この国のシステムの中で例えば50パーセントくらい平等のウェイトが強かった。アメリカは自由がとても尊重されて、そうですね70パーセントくらいのウェイトを占めている。では、ソ連邦には自由がどのくらいあったかというと、20パーセントくらいしかなかった。フランス革命（1789年に始まったフランスの市民革命）の時につくられた「自由・平等・博愛」という言葉を、それぞれの国に当てはめるとすれば、ソ連邦は平等が50パーセント、自由は20パーセント、博愛が30パーセント。アメリカは自由が70パーセント、差別なんかもありますし、平等は20パーセントくらいしかなく、博愛となるともっと少なくなるかもしれない。国によってシステムも違うんですけども、日本はどうかというと、自由がやっぱり結構多く50パーセント、平等は25パーセントくらい、博愛も25パーセント、そんな感じでしょうか。

前田　その喩えでいくと、仮に33パーセントずつになるとバランスがとれるのでしょうか。

木村　どれも33パーセント位ある状態ならば、なんとかいいといえるかな、という感じです。

国家・軍隊・天皇

前田　国家とは何か、軍隊は何を守るのかという話との関係では、国家――あるいは今日のテーマである領土、それから国民という問題ですが、三島由紀夫の発想と、現在木村さんが考える軍隊が何を守るべきかというのは同じなんでしょうか。

木村　やはり同じところがあります。三島は、国民も守るけれども、天皇を第一義に守るべきだということを強く言いました。当時は左翼運動が強かったわけですから、それに対抗することで、非常に天皇を意識しておられた。昭和天皇と今上天皇でいうと、今上天皇・明仁陛下はすごく開明的でリベラルです。我々の守るべき対象なんていうと、逆に、あなた方は天皇によって守られているんじゃないか、なんていうことを指摘する人がいます。米長邦雄（将棋棋士、永世棋聖、日本将棋連盟会長、1943～2012年）という将棋の先生が2004年秋の園遊会（天皇が主催する野外での社交会）に呼ばれて、何をやっていますかと聞かれて、「日本中の学校において国旗を掲げ国歌を斉唱させることが、私の仕事でございます」と発言したら、陛下が「ほどほどに」とおっしゃったという話もあるほどです。状況はちょっと変わったのかもしれません。

前田　今の天皇は即位の時に「皆さんとともに日本国憲法を守る」と発言しました。その時はどんな思いでしたか。

木村　正直に言いまして、ちょっと踏み込みすぎているなという感じでした。天皇陛下が憲法を守るというお言葉を述べられるのは、ある意味で「政治的発言」ではないか、と思ったのです。憲法改正という政治課題を有する問題も存在しているのですから、あまり踏み込まない方がいいと。

前田　憲法第99条で天皇には憲法尊重擁護義務があるのではありませんか。

木村　それと陛下が発言されることとは別です。憲法第4条で、天皇は国事行為のみを行い、国政に関する権能を有しない、とされています。

前田　天皇が「憲法を変える」と口にすれば憲法第4条に抵触するかもしれませんが、「憲法を守る」というのは抵触しないと思います。どちらの発言であっても政治的にならざるを得ないということでしょうか。

木村　陛下が政治的な問題に発展しそうな事柄、もしくは政治問題を評価すると影響が大きく、肯定する側も否定する側も政治的動きをすることになってしまう。したがって、当時の「憲法を守ろう」という陛下のご発言に、「陛下は、そういうことをおっしゃられない方がいいですよ」と、ある雑誌にコメントしました。

前田　天皇が「憲法を守る」と言っているのに、憲法を守りたくない。天皇が日の丸君が代を強制しないと言っているのに、強制したがる。右翼の立場というのは、天皇を都合のよい時だけ利用していませんか。

木村　そうではないです。天皇陛下の政治的なコミットメントはよくないのではないか、と言っているだけです。それは、陛下のお立場は、政治、法律的な範囲にとどまらず、日本の歴史の体現者としての権威を保持されていると考えるからです。したがって、俗っぽい話は国民の中で議論して決めていけばよいことなのです。別に陛下が「憲法を守ろう」とおっしゃっても、「憲法改正」ができないことはないのです。国旗、国歌も法制化されたわけですから。

前田　今日、私はインタヴュアーですが、私自身の立場を少し説明させてください。私の著書の一つは『非国民がやってきた!』（耕文社）です。日本という国家は、国民をないがしろにし、踏みつけにして、棄てたり、時には殺してきた国です。この本では秩父事件の井上伝蔵、大逆事件の管野スガ・幸徳秋水、大逆事件を追跡し「テロリストの悲しみ」を詠った石川啄木、もう一つの大逆事件の金子文子・朴烈、反戦川柳の鶴彬、中国で抗日反戦放送をしたために売国奴と呼ばれた長谷川テルをとり上げました。国民を虐殺する天皇制国家と闘った人々です。その後も、治安維持法の下で拷問・虐殺された小林多喜二、伊藤千代子、槇村浩をとり上げています。

木村　私も読ませていただきました。我が国の歴史発展段階で起きた政治的事件として、記憶しておかねばなりません。前田さんがあえて「非国民」という概念を提起されましたが、ある意味でこの時代は「絶対的国民」という概念が最も強かった時代でもありました。

前田　非国民の思想は、まず自立です。国家に寄りかからない、民族にも寄りかからず、孤高の屹立した精神を尊びます。非国民は、国家主義に抵抗し、国家権力の違法な行使である戦争や拷問に反対します。平和主義者であり、民主主義者です。庶民はもともと戦争など欲していませんし、軍隊など必要としていません。庶民たる非国民は、軍隊によって殺されてきました。日本軍も日本国家も、国民を殺す軍隊・国家です。「軍隊は国民を守らない」と言う人がいますが、「軍隊は国民を殺す」と言うべきです。世界各国の軍隊も、他国民より前に自国民を殺しています。

木村　私とて、10年前のアメリカの違法なイラク侵略戦争に反対しました。それは、非国民派としてではなく、「日本民族派」としての良心を示したつもりでした。10年間で現地を23回訪問し、イラクとの交流を続けてきました。国民派としてやってきたことです。また、私は「軍隊は国民を殺す」という役割だけだという考えには反対です。戦争になれば戦いですから、「死ぬ」ということが現実味を帯びます。他国が日本を侵略しないように、外交的な力をつけなければなりませんが、過程と結果を混同してはまずいと思います。

前田　非国民派は、ニヒリズム（虚無主義）やアナーキズム（無政府主義）ではありません。現実の日本国家の特質を認識して、日本国家が国内外で続けている途方もない無法行為を抑止する立場です。国内では、不当逮捕、拷問、証拠捏造、でっち上げ、あらゆる人権侵害をはじめ、違法不当な活動を続けているのが日本国です。

木村　ということは、「日本国自体が違憲状態で成立している」ということに絡むのですか。大日本帝国の植民地支配における歴史的な清算ということなのですか。

前田　日本国そのものが違憲とか違法という意味ではなく、個別に見て違憲違法な政策や活動が多いという意味です。今日のテーマの領土問題については「国境を下から超える思想」を提案しています。国家の都合で勝手に引かれた線にすぎない国境に縛られて硬直した思考をシャッフルする必要があります。ですから、原理的には国境や領土をめぐる論争の意義を認めません。ただ、現実問題として日本にはいくつも領土問題があるので、その議論の在り方、外交の在り方、領土をめぐって噴出するナショナリズムの現象に関心を持っています。

木村　冒頭でも話しましたが、冷戦が終結して、EUの誕生などで「ボーダレス」になるといわれて20年が経ちましたが、なかなかそのような状況がきていません。逆に、コソボ、東ティモール、パレスチナなどは国家を建設しています。人はアイデンティティを確認することで、国家、共同体、家族の一員として自覚され、同質性、同一性を保とうとするのです。このメカニズムは種の保存本能ではないでしょうか。したがって、領土についていえば、かつて自分たちで経営し保全してきた土地を他者に奪われている現状を肯定できないということになる。

前田　もう一冊、『平和力養成講座』（現代人文社）を出しました。本書は「非国民入門セミナー」という題で、現在の日本における「非国民」にインタヴューしたものです。女性史研究者の鈴木裕子、日の丸君が代強制に抗する根津公子、自治と平和を目ざしてたたかう上原公子、沖縄の尊厳回復を求める安里英子、在日朝鮮人の権利を求める金静寅、差別と闘い続ける辛淑玉、日米帝国主義を批判する木村朗、不服従の実践のための精神のたたかいを説く立野正裕の8人にインタヴューした記録です。

木村　この本も前田さんから送っていただいております。これはまだしっかりと読み終えておりませんので、詳しく言及できません。歴史の過渡期の課題として捉えていかなくてはならないと思います。一つひとつの問題が解決に向かっていったとき、その後は国民派としての活性化を達成するための議論を展開し得るのか、それとも国家性悪説でもって国家解体に向けて次へのステップを上げていくのかが問われるところでしょうね。

第2章　北方領土

問題の要点

前田　次に、国家やナショナリズムという問題を横目で見ながら、領土問題を見て行きます。一般の政治学では、国家は「主権、領土、国民」という三つの要素から成ると言われています。日本は国民主権ですが、それでは日本の領土はどこで、国民はだれか、ということになります。北方領土問題にも長い歴史があって、それを一つひとつ確認している時間の余裕がないのですが、その過程の中で特に重要と考えることは何ですか。現在の北方領土問題にいたる過程として、どこが特に重要でしょうか。

木村　これは三つありますね。一つは、戦争の最中、日本が負けそうになった時に、アメリカとイギリスとソ連邦の間でヤルタ密約がなされ、対日戦後方針を定め、ソ連邦が日本を攻めればその見返りとして北方領土をあげるよ、ということを大国が勝手に決めたことがあります。昭和20（１９４５）年2月11日のヤルタ協定のソ連邦参戦条件に「千島列島は、ソヴィエト連邦に引き渡す」とあります。二つ目は、確かに昭和20（１９４５）年8月15日、日本は戦争を終戦として迎えたわけです。ところが、ソ連邦が8月半ばから9月2日までに、武力攻撃をしてきて、そこを支配したのです。そして三つ目は、アメリカの問題があります。サンフランシスコ講和条約は、今年ちょうど60年を迎える対日講和条約です。昭和26（1951）年9月8日に結ばれ、昭和27（1952）年4月27日に発効しましたが、サンフランシスコ講和条約第2条C項に「日本国は、千島列島並びに日本国が1905年9月5日のポーツマス条約の結果として主権を獲得した樺太の一部及びこれに近接する諸島に対するすべての権利、権原及び請求権を放棄する」とあって、日本は千島列島と南樺太を放棄すると書かれていますが、当時のソ連邦はそれに調印しなかった。条約をボイコットしたのです。ソ連邦は条約をボイコットしたにもかかわらず、未だに不法占拠している。それに対してアメリカは何も言わないし、結局日本とソ連邦を仲よくさせないためにアメリカはそれを放置しているという現状がある。もちろん他にも、領土としての国境概念の規定がないこともありますが、一応歴史的なことで北方領土と言えば、この三点が重要だと思います。

前田　ヤルタ密約は、1945（昭和20）年2月11日に、クリミヤ会議において結ばれた協定ですが、当時は公表されていません。その次の、ソ連が一方的に北方領土に入ってきたというのは、1945年8月18日ですね。

木村　千島の占守島に侵入を開始し、9月2日に国後島に上陸しました。8月15日、戦争が終わった後に、ソ連の軍事行動が行われたことになります。

前田　ところで、ポツダム宣言第8項の「カイロ宣言の条項は、履行せらるべく、又日本国の主権は、本州、北海道、九州及四国並に吾等の決定する諸小島に局限せらるべし」をどう解釈されますか。ポツダム宣言にソ連邦が入っていないとはいえ、日本の領土は連合国が決めるという意味です。領土を決める権利は、日本にないはずです。

木村　「大日本帝国が植民地支配している地域をそれぞれの原状に回復させる」ということを明記したのがカイロ宣言でした。一方、同宣言は「領土の不拡大」を原則としており、戦勝国も火事場泥棒的に領土を奪ってはならないことが確認されています。もともと我が国が領土として領有していた地域は、サンフランシスコ条約で放棄した地域に入らないとしているのです。したがって、日本が領土を決める権限はないとしていますが、ポツダム宣言に対する違反があってはならないのです。戦勝国側もポツダムの完全履行をすべきです。ソ連の行動を制限すべきで、放置したのはおかしい。北方領土は北海道の一部ですからね。

これまでの交渉経過

前田　次に、北方領土問題をどのように解決したいのか、どのように主張しているのか、について伺います。

木村　北方領土は国後島、択捉島、歯舞諸島、色丹島です。

前田　地理が頭に入っていない人も多いと思います。

木村　国後島、択捉島、歯舞諸島、色丹島――これが現在は北方領土と呼ばれていて、サンフランシスコ講和条約第2条C項には表記されておりません。日本政府は戦後ずっと「四島の一括返還」を唱えてきました。この四島が一括で返ってこない限り、問題は終わらない、と政府は言っている。昭和56（1981）年2月7日に「北方領土の日」を制定して世論喚起に努めています。しかし、それから随分年数が経っていますが、当時交渉にあたった外務省の担当者がソ連邦に行って北方領土問題の交渉をしたいと言うと、ソ連邦の方は「そんなのはもう解決済みだ」「北方領土問題なんて存在しない」という姿勢だった。もうソ連邦のものだから、日本が今更そんなこと言ったって駄目だという立場です。

前田　千島列島とはどこまでか、南千島と言った場合に歯舞・色丹がはいるのか、それとも歯舞・色丹は千島でなくて北海道の一部なのかなど、いくつも議論がありますが、いずれにしても四島が北方領土と言うことですね。

木村　そうです。しかし平成元年（1989年）、ソ連邦が崩壊してロシアになった。まさに経済ががたがたになって、「酔っぱらいのエリツィン」が登場した。その後、ボリス・エリツィンは、大統領（ロシア初代大統領、1931〜2007年）になりました。その前にミハイル・ゴルバチョフ（ソ連邦の政治家、共産党書記長、1931年〜）がいます。ゴルバチョフ書記長がペレストロイカ（1980年代後半の政治体制改革）を掲げ、ソビエト体制が保てなくなってきたところで、実は今まで「解決済みだ」と言ってきた北方領土問題を「存在します」と言い始めた。日本と仲よくやりたいし、その問題の話し合いに応じましょうと、ゴルバチョフは言い出したのです。そして、ソ連邦が崩壊して、エリツィンがロシア大統領になった。日本は「ここはチャンスだ」と。相手の体制が変わり、経済的にも逼迫している、お家の事情が大変だというところで、一所懸命アプローチをかけた。二島でもいいけど、四島一括をめざして、なんとか北方領土を返してもらおうと思って交渉に力を入れた。ところが、エリツィンも、経済協力を日本から引き出そうと思ったわけですが、ギリギリのところで「四島は返さない」となった。実は昭和31（1956）年10月に、ニキータ・フルシチョフ（ソ連邦の政治家、共産党第一書記、1894～1971年）という、当時のソ連邦書記長が、日本と国交を開始した時点では、ソ連邦は、平和条約締結後に歯舞と色丹の二島を返してもいいと言ったんです。ところが日本は二島だけでは駄目だということで、その後ずっと棚上げになってしまった。それ以降、ソ連側、ロシア側は、北方領土問題は解決済みだと言ってきたわけです。さっきの話と繋がるのですが、私はですね、実はもう解決するには、本当に時間がかかりすぎて、しかも話がこじれてしまい、解決ができないのではないか、とさえ危惧しています。

前田　時間がかかりすぎましたし、ロシア人住民が現地で長年暮らしています。

木村　だからと言って、諦めていいと思っているわけではありません。幸いにしてウラジミール・プーチン大統領（ロシアの政治家、第2代大統領、首相を経て、第4代大統領、1952年～）が、この間、「引き分けで、お互いに解決しようじゃありませんか」「交渉しようじゃありませんか」と言ってきた。はっきり言いまして、日本政府主張の四島一括返還は非常に厳しいと思います。四島一括にこだわっていたら、返ってこないかもしれません。じゃあどうするのか。まず何島かでもかまわないので、島の先行返還の実現です。その後、残りを返してもらうための協議をする。どうするべきか。私が考えるのは、プーチン大統領在任中に勝負をかけることです。つまり、「面積等分」です。国後島、択捉島、歯舞諸島、色丹島の四つのうち、国後と歯舞・色丹と択捉の一部を入れると面積が半分になるのです。これでまず、引き分けで面積半分を返してもらい、平和条約を締結する交渉をしたらいいと思うんですね。

前田　選択肢を四島返還や二島返還だけでなく、幅を広げて考えて、外交交渉に臨むわけですね。ちなみに、面積は、国後島は約1500平方キロ、択捉島は約3100平方キロです。沖縄本島が約1200平方キロ、佐渡島が約850平方キロ、奄美大島が約700平方キロです。

木村　いまあそこにロシア人がどれだけ住んでいるか。国後島、択捉島、色丹島です。歯舞諸島には国境警備隊の基地しかありません。この三島にロシア人がどのくらい住んでいるかと言うと、1万8千人くらいです。どういう人かという内訳を見るとすごくおもしろいんですが、3千人くらいはウクライナ人の移住者がいる。ウクライナとロシアがまた仲が悪いのです。昔は一致団結していたんですが。ウクライナの方々は、主に「流刑者」の子孫なのです。世界各地で「島送り」っていうのがありますが、体制に逆らったりして島に送られた。

前田 イギリスがオーストラリアに「囚人」を送ったのが有名ですが、日本では、江戸時代の佐渡島や伊豆諸島が知られます。

木村 そういう人たちの子孫が結構住んでいる。ですけど、ロシア人たちが開拓して、町を建設して、現在の島をつくった歴史もあるわけですから、ロシア人やウクライナ人の気持ちも聞かなければならない。そして、その人たちが、日ロ外交交渉の結果、島が日本に返還されて、ロシアの方々がそこに住みたいと言えば、日本人と一緒に住んでもらっていいという気がするのです。もっと大切なことは、その先の話になりますけども、もともとそこに住んでいた人たちがいるわけですよね。本当に古くから元々住んでいたアイヌの人々、ギリヤーク、今は樺太《サハリン》に住んでいますけれども、そういう方々の気持ちも聞くことが重要だと思います。

前田 アイヌ民族のことは重要なので、また後で伺います。確認しますと、国後島、色丹島、歯舞諸島と、これでほぼ半分に近い。木村さんは択捉島の一部もということですが、もし島で分けるとするならこの3つになるでしょうか。あるいは、完全に半分で分けるとするなら、少しプラスαということになる。国後島の面積が沖縄本島よりも大きい。択捉島は沖縄本島の2倍以上あります。かなり大きいので日本にとってみれば一つの都道府県の面積に匹敵します。

木村　千葉県が5100平方キロで、北方領土に匹敵すると思います。和歌山県が約4700平方キロ、京都府が約4600平方キロです。

前田　今の二島返還、四島返還のことについて少し確認します。日本政府は四島返還を目標として動いていますが、途中の段階で二島返還の話が出た時に、結果的に日本側が蹴った形になっています。それはどうお考えですか。

木村　外交交渉は、敵の出方を見たり、こっちの状況も見たりして行うものです。今までの状況の中での二島返還は危うかったし、国民世論も納得しない。やはり日本政府もこれにのってはまずいという状況判断だったと思います。だけど、今度はプーチン体制が少なくとも6年続いて、その後また6年続くかもしれない。プーチン王朝になって、向こう側の重しがしっかりできれば、二島返還であっても、その次の二島をどういう提案をするかという担保が出来れば、それにのってもいいという判断を、鈴木宗男（元北海道開発庁長官、新党大地・真民主代表、1948年〜）や、何人かの人たちが言い始めました。外務省の中にも、今までの流れでは全然動かないのだから、少なくとも少し動かさなければ駄目だという人たちは、そういう判断に至ってきている。四島一括は原則だけでハードルが高い。だからフィフティ・フィフティでいって、日ロ平和条約を締結して、解決に向けた動きを作らねばならない。

三島返還論

前田　フィフティ・フィフティのことが出たので、もう少し伺います。岩下明裕（北海道大学スラブ研究センター教授）がフィフティ・フィフティ論の代表格と言ってよいかと思います。著書『北方領土問題　4でも0でも、2でもなく』（中公新書）で、三島返還の議論をされています。プーチン時代でしょうか、ロシアが中国との領土問題をフィフティ・フィフティで全部解決した。北方領土などよりも遥かに大きい、広大な領土問題を解決した。同じく、ロシアがノルウェーとでしょうか、フィフティ・フィフティで解決をした。その方式をロシアが守るのであれば、日本とロシアの間でもその方式がいいのではないか、というのが三島返還論です。さらに、陸上に日本とロシアの間の国境線が引かれることもあってもいいのではないか。

木村　陸上にということは、北方領土の島々のどこかにということでしょうが、四島以外の島々ならばかまわないでしょう。樺太とかですね。今の日本国憲法にも国境規定の概念がないから、海上であっても、陸上であっても、国境を画定して、それを明確に入れた方がいいのではないか。

前田　日本国憲法には、日本がどこかというのは一行も書いていない。世界の多くの国では、我が国はここであると書いてある。ポツダム宣言に本州、北海道、九州、四国その付属島嶼と書いてあって、日本国憲法にはない。もし、ロシアとの間でそういう話が進めば、日ロ条約で、ここからこっちが日本であるという条文をつくることになると、それを憲法に付属表記するとか、あるいはその枠を憲法に入れても良いという話になるのでしょうか。

木村　平和条約を締結しますからね。それは入れてもいいと思います。

前田　憲法でも法律でも差支えないわけですね。民族派の改憲提案に領土規定があるそうですね。

木村　ええ、そうです。大日本皇国憲法草案ですね。執筆は荒原朴水先生で、昭和32（1957）年に、全日本愛国者団体会議が発表しています。第一章は、大日本皇国で、その第一条で領土規定を行っています。「大日本皇国は本州、四国、九州、北海道の四大島及び沖縄諸島、小笠原群島、南樺太、千島列島、対馬諸島、並にその他の諸島を固有の領土とし、日本民族を固有の国人とする」とし、第二条で「領土の詳細は法律を以て定める」としています。天皇条項より先に国土の規定をしているのです。

前田　この考え方なら、日ロ平和条約をもとに憲法化もできるということですね。

木村　現在の状況での国土規定として。ただ、日本とロシアが仲よくなっては困るという第三国が、領土問題を煽るということが、今まであったのです。だから、軍事は相対的ですが、これらの地域は安保条約を適用しないということくらいは言ってもいいし、私の立場で言えば、安保条約自体を段階的に解消していかねばならないと思っています。

前田　日米安保条約（1960年1月19日の日本国とアメリカ合衆国との間の相互協力及び安全保障条約）を、平和条約、平和友好条約に変えていくということですか。

木村　そうです。日米平和条約という形にしていかなければならない。

前田　北海道の北にサハリン（樺太）という大きな島があります。古い地図では真ん中に点線が引いてあります。１９０５年のポーツマス条約によって、南半分は日本でした。北半分が昔のロシア（ソ連邦）だった。ですからこの時は地上に国境線があった。だから日本人にとって、陸上の国境は経験のないことではない。朝鮮半島を植民地化した時も、中国との間に陸上の国境がありました。今、日本人は「日本は島国で、国境は全部海だ」と思っていますが、そうではない時代もあったわけです。

木村　そうです。ですから先ほど述べた国境が陸上にあるのは世界では当たり前のことです。

全千島返還論

前田　次に三島返還論以外の見解について伺います。日本共産党、および本多勝一（ジャーナリスト、元朝日新聞記者、著書に『貧困なる精神』シリーズ、『本多勝一著作集全30巻』など）

の見解として、千島は全部日本のものだ、という見解があります。南千島だけではなく、北千島、中千島全部含めて千島列島は日本領土だという主張です。

木村　本多勝一はすごいですね。彼の領土問題の主張は、右翼以上ですよ。朝日新聞編集委員だった人物で、南京事件で大虐殺があったと書き、左翼の立場で論陣をはっている、知名度の高いジャーナリストです。『戦場の村』、『殺す側の論理』、『殺される側の論理』、『中国の旅』、『マゼランが来た』など大学入試にも、書いた文章がよく使われる方ですが、彼の北方領土問題に関する主張は、全千島の返還なんです。ただ、実現可能な解決方法をまったく度外視している。

前田　全千島返還論は、日ロ間における1875（明治8）年の千島とサハリンの交換条約、それが唯一の国際条約だ、だからそれに戻れというわけですが、確かに私も現実にそぐわないと思います。ウルップ島、パラムシル島、シムシュ島が日本だと言っても、イメージのわく人はいないでしょう。主張としてはわかるのですが、現実味がないというのが木村さんの意見ですね。次に先ほども触れましたが、国後・択捉と、色丹・歯舞諸島とは地理的な位置が少し違うので、色丹・歯舞は千島ではなく、北海道の一部だという主張があります。

木村　北海道の一部という言い方は、以前からされています。それに基づいて、「我が国固有の領土である」という日本政府の言い方がありますし、固有の領土という言い方をするよりは、正確に北海道の一部という言い方が正しいのではないかと思います。歯舞諸島、色丹島は根室半島の延長ですから、当然、日本領です。その点では、歯舞・色丹と国後・択捉とは違いがあります。国後・択捉については、昭和26（１９５１）年のサンフランシスコ講和会議で、吉田茂全権（首相）が、国後・択捉は北千島とは違って日本領土であると留保の発言をしました。これに対して、各国から異議は出なかった。

漁業と地下資源

前田　一昔前ですと、この問題は、漁業権を巡って非常に深刻な問題でした。今はそれほどではないにしてもやはり問題は残ると思います。仮に色丹・歯舞が二島返還されれば、一気に日本側の漁業地域が広がります。領土に加えて、領海、漁業権、あるいはＥＥＺ（排他的経済水域）など、そのあたりはどう思いますか。

木村　国連海洋法条約（1982年国連総会で採択、1994年発効）がつくられて、200海里（約370キロ）のEEZの規定ができてから、「準領海」が非常に重要になってきています。漁業ナショナリズムと言いますか、漁業権、漁民の権利を考えると重要度が更に増しています。歯舞・色丹も鮭、鱒の宝庫ですから、この二島だけでも返還を急ぎたいのです。漁業権もあるからそれでいいじゃないかという考え方もあるのですが、あとはそこにもう一個加えて、面積半分を、フィフティ・フィフティで、少なくとも国後までと考えます。漁業権も守られるし、島も守れるということです。残りは継続協議で取り戻すということです。

前田　日本領になると、乱開発し、自然を徹底破壊し、悲惨なことになるのは目に見えています。ロシア領のままの方が自然保護に役立ちませんか。

木村　そうとは言い切れません。返還された暁には、旧島民の方々の住民基本台帳を作成しなければならない。そして、自然環境を守る開発制限条例などを制定すればいいのです。

アイヌ先住民族

前田　次に、アイヌ民族のことに入ります。アイヌ民族の先住民族としての権利をどのように考えるかという問題です。日本政府は、以前はアイヌ民族を先住民族として認めなかったのですが、国連先住民族権利宣言（2007年9月13日に国連総会で採択、日本政府も賛成投票した）ができて以降、日本政府もアイヌを先住民族と認めました。日本列島に居住しているアイヌ民族という存在がいるわけです。先住民族権利宣言には、土地の権利も入っています。

木村　領土の決め事の一つに「無主地先占論」という論理があります。領土問題、領土紛争になると、よく使われる理論です。無主地先占、つまり先に占める。誰も住んでいない土地、所有主がいない所に行って、先に占領しました。発見しました。そこに家を建てましたよ。ということで、これまで領土を決める理論として活用されてきた。ヨーロッパ諸国もそうですね。

前田　無主地先占論とか、発見の論理とか、さまざまな理屈が使われますが、侵略して、取る側に都合がよい組み立てになっています。早い者勝ちですから。

木村　そうです。しかも、本当に早い者勝ちならまだしも、アメリカを見るとよくわかりますけど、発見して、占領して、そこを開拓していったといっても、そこにはアメリカ先住民族、「インディアン（ネイティヴ・アメリカン）」が先にいたわけです。

前田　先住民族こそが「無主地先占」していたのに、先住民族を無視して、欧米諸国の都合で決めてきた。1875年の千島樺太交換条約では、アイヌ民族に断りなしに勝手に線を引いたばかりか、アイヌ民族を「土人」と蔑視しています。

木村　日本の場合は、アイヌ系日本人として同化されていったので、日本の中に組み込まれてしまった。しかし、明治時代に「北海道旧土人保護法」（1899年制定、アイヌ民族を「旧土人」と呼び、保護の名目でさまざまな権利を制限した。1997年、アイヌ文化振興法制定に伴い廃止）という形で法律を制定して「保護」していったことが、差別と批判されています。確かに「土人」などといって区別したことは間違いであると思います。ところが、国連総会で先住民族の権利を定めたわけですが、先住民族の権利を守る国連の話し合いの時に、先住民族の権利を守ろうと世界中が言っているにもかかわらず、反対した国がある。それがアメリカ、オーストラリア、ニュージーランド、カナダの4カ国ですね。

前田　国連総会決議は、賛成１４３カ国、反対４カ国、棄権11カ国です。日本政府は賛成しました。

木村　先住民族の権利を守ろうというのに、私はそれに従いませんと言っていることになります。それぞれ先住民族を侵略した国です。カナダにはエスキモーもいれば、インディアン（ファースト・ネーションズ）もいます。アメリカだって先住民族、ネイティヴ・アメリカンがいっぱいいいました。チェロキー族、ナバホ族、アパッチ族、ホーク族とか、さまざまな集団がいました。カスター将軍の映画が今上映されていますが、あれは、「インディアン」を殺しに行ったが、逆に殺されてしまい、結局それが大変だったという映画です。日本においてもそれにあてはまる部分もあります。歴史的にはアイヌとの戦いがありましたからね。

前田　かつての西部劇は、侵略する白人の側から一方的に描いたものでした。

木村　「インディアン」（先住民）を衰退・滅亡させたのは、西欧から来たアメリカの人々ということになります。オーストラリアにも先住民族アボリジニがいました。ニュージーランド（アオテアロア）にも先住民族マオリがいました。本当なら、先住民族に全部返さなければいけないわけです。現実的とはいえないけど、本来は、アメリカは白人の国家ではなく「インディアンの国家」と言ってもいいわけです。先住民族の大地だったのですから。

前田　何が、誰にとって現実的なのかが問題ですね。２００８年2月、ラッド・オーストラリア首相がアボリジニに対する歴史的謝罪を行いました。とはいえ、賠償はしないということです。一部土地返還の話も出ているようですが。先住民族には近代的な国家観がなかったとされるけど、先住民族なりの世界観、土地観念がありました。

木村　私は25年前に、カナダに行きました。モントリオールという町があります。ケベック州で、フランスの植民地だったところです。その近く「インディアン（ファースト・ネーションズ）」の居留区を訪問しました。何で行ったかというと、「インディアン」の方々が、白人と小競り合いになって、銃を持って、白人を撃ち殺してしまう事件が起きました。なぜ撃ち殺したか。白人がゴルフ場をつくるために、「インディアン」の方々のお墓を無許可で壊してしまった。「インディアン」が怒って、蜂起して、ケベックの軍隊と紛争になったんです。そして先住民族が殺された。外信で世界的にニュースが報じられていました。「インディアン」が、５００人くらい逮捕されたのです。そこで、現地がどうなっているか一緒に行かないかと、アイヌの人――萱野茂（1926～2006年、アイヌ民族、アイヌ文化研究者、二風谷アイヌ資料館長、参議院議員）という北海道の方で、後に社会党議員になった人のグループから声をかけられて一緒に行ったのです。「インディアン」の居留区に行ったところ、そこではカナダ警察のパトカーが四六時中監視しているんです。中に入ったところ、出てきた方は、映画で見た「インディアン」の髪型してる。目もブラウンでしたね。「インディアン」を皆さんも写真とか映画で見るでしょうけど、本当にあのように髪を結っている人が出てきました。彼らは口々に言っていました。「今回の問題は、我々への差別の象徴だ。我々にとってここは大切な墓地です。それをゴルフ場や遊びのために壊されるのは許せない。尊厳を傷つけられた。だから、やむを得ず武装して立ち上がることになった」と、詳しく話してくれました。なるほどと思いました。

前田　お墓の破壊は北海道でも行われました。アイヌ民族のお墓を掘り返して、骨を盗んだり、売り飛ばしたりしました。特に大学教授などの研究者が、学問と称して墓暴きをやっています。本来なら墳墓発掘罪（刑法189条）です。植木哲也『学問の暴力　アイヌ墓地はなぜあばかれたか』（春風社）など、この問題についてもようやく最近、反省、見直しが始まっています。

木村　アメリカやカナダの先住民族の人たちは、あの服装や髪形をしています。誇りを持っているのでしょう。そこで彼らが、どういうふうにして生計を立てているのか、その格好をして町に行って仕事ができるかというと、できないわけです。彼らは鮭を獲る、スモークサーモンですね。その他にも釣りをやるとか、タバコをつくるために畑を耕すとか、そういう生活を現在でもされているわけです。

前田　アイヌ民族の鮭漁は禁止されてきました。

木村　同化していったのでしょう。先住民との会話で一番印象深かったのは、「地図の上ではアメリカやカナダはそれぞれアメリカだとか、カナダだとか言うけれども、この全土すべてはアンダーでは我々のテリトリーだ」「我々の土地だ」という言葉です。その言葉は今でもよく覚えています。

前田　先住民族にとって、植民者が勝手に引いた国境など関係ない。アイヌモシリ（アイヌの土地）北海道、クリル（千島）、サハリン（樺太）でも同じことが言えます。

木村　そうかもしれません。そのような視点も必要です。「インディアン」でいえば、どんどん追いつめられて、細々と生きていますけれども、彼らだって生きていく上で尊重されなければならないし、尊厳がある。そのお墓を壊されて、冗談じゃないと決起した。日本からやってきた外国人である私に、ここは地図の上では白人のものと言うけれど、本当は我々のテリトリーなんだと、自信を持って言ったその言葉は強く印象に残っています。普通の地図や学校で習っているだけだと、そんなこと全然わかりません。あそこに行ってよかったなと思いました。それと同じように、我が北方領土も、実はアイヌの土地なんですよ。だって言葉を見て下さい。クナシリ（国後）っていう言葉はアイヌ語ですよ。エトロフ（択捉）、ハボマイ（歯舞）、シコタン（色丹）も、アイヌ語に漢字を当てはめたのです。もともと、サリポロペッ（札幌）だってそうです。だからまだ日本の方が、アイヌの方々の言葉や伝承をかろうじて残しながらやっている。

前田　地名がアイヌ語ということも、つい忘れてしまいます。オタ・オル・ナイ（小樽）、ニムオロ（根室）、オベレベレケプ（帯広）とか、クッ・シャン・イ（倶知安）、シュマリナイ（朱鞠内）とか、いろいろあります。

木村　北海道旧土人保護法なんていうのをつくって、アイヌ民族を「旧土人」と呼びました。アイヌ民族も日本人だということで同化をしていきましたけれども、アイヌ民族は残っています。アイヌ語地名も残っています。翻ってロシアはどうか。サハリン（樺太）にアイヌ語が残っているのかというと、ロシア語に置き換えられているのですね。例えばウラジオストックですが、もともと海参蔵と呼ばれていた一漁村ですが、「東方を征服せよ」という名の町になった。あれは完全にロシア語です。ハバロフスクもそうですね。サハリンはツングース系の言葉のようですが、今はユジノサハリンスクと呼ばれていますし、町の名前はコルサコフ（旧日本名は大泊町）、ポロナイスク（敷香町）、ホルムスク（真岡町）、山の名前もチェーホフ山（鈴谷岳）、マトロソヴォスカヤ山（幌登岳）です。

前田　アイヌ語ないしギリヤーク語（サハリンやアムール川流域に居住する少数民族のニブフ民族ないしギリヤーク民族の言語）由来の音も含まれているかもしれませんが、全体としてはロシア語化しています。

木村　そういう意味では日本の方がアイヌ語の言葉を残しているようです。それも、同化の道だったのかもしれません。でも、ここはアイヌ民族の土地だったという記憶は残ります。今となっては、アイヌの人たちにそこを返すというわけにはいかない。日本人という概念と日本の領土という認識からです。ただ、アイヌの方々と話し合いをしなければいけませんが、先住民族の大地だということをはっきりさせることが、非常に重要だと思います。

前田　150年前、北海道、サハリン、クリル（千島）は全部アイヌモシリです。アイヌの人々の土地です。日本では北海道をエゾ（蝦夷）と呼んでいて、それを1869年に北海道と名付けたわけです。日本人（和人）による土地略奪に対して、アイヌ民族の抵抗もありました。越田清和編『アイヌモシリと平和〈北海道〉を平和学する!』（法律文化社）によると、十勝地方では、アイヌ民族共有財産裁判の過程での掘り起こしの中で、和人による一方的な収奪に抗して、アイヌ民族が平和的に抵抗を組織した歴史が明らかにされています。軍都・旭川の形成過程でも、屯田兵の進出、陸軍基地の形成、土地収奪に対する、アイヌ民族の抵抗が、明らかにされています。

木村　日本の歴史の中で、アイヌとの戦いがあったことは事実です。シャクシャインなどは有名ですが、我々の思想の中には鎮魂の精神があります。相手の立場を尊重し、ともに共生していく考えなのです。アイヌ系日本人としてともに領土を維持、管理していくことを考えなければなりません。

前田　さて、「全部返すというわけにはいかない」ということですが、例えば色丹・歯舞の返還という話が出たとして、その土地使用について許可権――地上及び地下の資源のことですとか、環境保全ですとか、そういう権限については、アイヌ民族を代表する団体におまかせするやり方はいかがでしょうか。

木村　それもありうるとは思います。否定はしませんが、なかなか難しいなという気がします。いずれにせよ、話し合いがないと駄目です、そこは最低限必要です。

前田　アイヌ民族はいつも話し合いの対象外に置かれてきて、和人（日本人）の側で勝手に決めてきました。

木村　政府なり、北海道庁ですか、いずれにしてもアイヌの方たちと時間をかけて話し合いをするのが先です。アイヌの方の中にも、我々と一緒になって領土を守ろうという人たちはいますから、その辺の話し合いもしなきゃいけないと思いますね。

前田　北海道は8万3000平方キロ以上の大地で、日本全土の23パーセントです。その約50パーセントが国有地です。私有地ではない。もともと、日本政府がアイヌ民族に断りなしに勝手に取ったので、北海道は国有地が多い。だったら、50パーセントの国有地をアイヌ民族に返還するのは十分可能なはずです。国立公園も、利尻礼文サロベツ、支笏洞爺、大雪山、阿寒、知床、釧路湿原があります。国定公園や道立自然公園もたくさんあります。本来なら100パーセント返還ですが、さすがにそれが難しいとしても、50パーセント即時返還と言いたいところです。仮にそれが無理だとしても、アイヌ民族に管理を委ねるという方法があるはずです。返還されたら、色丹・歯舞をアイヌ民族に管理してもらう方法もあります。

木村　協議対象に含まれるでしょうが、関係者とアイヌの方々の話し合い次第ですね。

プーチン体制へ

前田　協議のテーブルをどうつくっていくのかがこれからの課題かと思います。次に最近の情勢ですが、ロシアがプーチン大統領復活ということで、今後の予測も必要になります。ドミートリー・メドベージェフ元大統領（第10代首相、第3代大統領、1965年～）が国後に電撃訪問をしました。ソ連歴代首相及びロシア歴代大統領は、北方領土には行ったことがなかったのが、2010年11月1日に、メドベージェフが行きました。そして、南千島はロシアのものだと発言したということです。日本にとっては衝撃的な出来事だったわけです。ただ、その後、再びプーチン大統領になって、領土交渉の可能性があるということで今また動こうとしているわけです。まずはメドベージェフ訪問をどうご覧になっていますか。

木村　当時は菅直人政権（2010年6月～2011年8月、民主党政権）だった。ロシア国内ではメドベージェフ大統領が北方領土に行くのではないかという情報がありましたが、日本側は本気にしていなかったようです。

前田　「産経新聞」が、メドベージェフが行きそうだ、行かないようにちゃんと牽制するべきだと書いていました。

木村　そうですね。「産経新聞」も言っていましたし、懸念していた人は他にもいたわけです。だけど、牽制しても無理でしょう。行っちゃったんですよね。その当時は、大統領選挙のための、ロシア国内向けとの話もありました。あそこは、モスクワから見て、アジア外交を重視しようという時の拠点という位置づけです。北方領土に住んでいるロシア人からもかなり不満が出ていました。中央政府が無視している、軽視していると不満が募っていた。だから、行かざるを得なかった。

前田 在モスクワ日本外交官の情報収集力に疑問があります。いったい何をしていたのか。そして、霞が関も永田町も漫然と眺めていたようにしか思えません。

木村 情報分析に不備があったのは確かです。

国後で首脳会談を

前田 最近、元外交官の東郷和彦（京都産業大学教授）が、保阪正康・東郷和彦『日本の領土問題　北方四島、竹島、尖閣諸島』（角川ＯＮＥテーマ21）の中で、日本の北方領土外交の失敗を認めたうえで、冷静な戦略的議論を積み重ねることを提案しています。歴史的事実に基づき国際法に照らして判断すること、領土問題を単なる対立に終わらせずに、領土交渉を通じて双方の理解を深め、将来展望をもてるような議論をすべきと説いています。

木村　私は、メドベージェフが国後に行くのなら、首相も国後に行けばいい。日ロ首脳会談をそこでやるべきだと考えていました。

前田　現地で直接の首脳会談ですか。凄いアイデアですね。メドベージェフが行きそうになったら、事前に申し入れをして、首相の「上陸許可」を求める。

木村　事前に申し入れをして、日ロ首脳会談を国後でやろうじゃないかと言って、首相が行くのだったら、大義名分もあり、格好つくわけですよ。

前田　そのレベルの行動力と外交力については、西側では、クリントン元米大統領ぐらいにしかそういう発想もないし、できないかなと思います。日本の政治家や外交官は大事な時、いざという時に逃げます。二国間で紛争になると、話し合いが一番必要な時に、大使が脱兎のごとく逃げて帰る国です。もっとも、2002年9月に小泉純一郎首相が訪朝しましたから、日本にもそれなりに決断力のある政治家もいるわけです。

木村　菅首相（当時）は、福島原発事故にあたふたとして東電に行って怒鳴るくらいがせいぜいだったのかもしれません。メドベージェフが国後島に行ったら、「許せない」とか怒っていましたが、そこで「日ロ首脳会談をやろう」という発想があれば、上手を取れるんです。メドベージェフも逃げられなくなります。発想ですよ、発想。首脳会談が実現できなくても、そういうことを言えば、向こうからも「最近の日本の総理は大胆な提案をするな」という評価は得られます。もちろん別の形もあり得ますが、策を練ってアクションを起こすべきだった。

前田　首相が国後に行くということと類比的に考えると、他の竹島とか尖閣諸島とかの問題の時に、一部でよく出る共同開発、共同管理というアイデアがあります。そうすると、歯舞・色丹にしても国後にしても、資源の共同開発とか、永住権の問題も含めて、日本側からどういう提案をしていったらよいでしょうか。

木村　共同管理とか、永住権の問題については、もうここは施政権が返還されて、自分たちの領土であるということになれば、寛容に話し合っていいと思います。今までずっと60数年返ってこなかったわけです。旧島民の方々、千島歯舞島民同盟の方たちも、もし島に帰ってロシア人と一緒に住んで、共同開発できるということだったら、それでいいと思います。ただ、その取り決めを行なうのは政府間でないと駄目です。政府間で最終的に取り決めを行なわないといけませんが、もっと「ビザなし交流」を進めるべきです。島民の方々もさらに長く滞在できるようにしてもらいたい。お墓もあるわけですし、供養も当然したいですしね。もっと環境整備して、交流していけばいいと思います。

前田　現状では、日本政府は国民に北方領土に行くなと言っています。

木村　政府は北方領土に入る資格として三つ挙げています。第一に旧島民と旧島民の子孫、第二に公務員、第三に公務員の推薦する北方領土返還活動団体の活動家等、というような人になっていますね。一般の人は行けない。はっきり言うと右翼が行って日の丸の旗立てたりしちゃうから、それで問題になってはまずいということでしょう。しかし、もう少し門を開いて、いろんな人が行った方がいい。ロシア人は、もう1万人くらい日本に来て、電化製品買って帰るわけです。北方領土に住んでいるロシア人は、1人が複数回来ています。

前田　文化交流や経済交流をわざわざ途絶させる必要がない。

木村　日本から一般の人も、学生も北方領土に行けるようにして、それこそ今、ここにいる皆さんに、あそこで美術・デザインでも、いろいろアイデアを出してもらってもいいかなと思いますね。

前田　ありがとうございます。

〈参考文献〉

北方領土問題の研究書としては、和田春樹『北方領土問題を考える』（岩波書店、1990年）、同『北方領土問題』（朝日選書、1999年）がまず取り上げられるべきであろう。著者は歴史学者、東京大学名誉教授である。同『領土問題をどう解決するか』（平凡社、2012年）も、領土問題全体を扱っているものの、北方領土が中心。

近年の北方領土交渉については、鈴木宗男・佐藤優『北方領土特命交渉』（講談社＋α文庫、2007年）、及び東郷和彦『北方領土交渉秘録』（新潮社、2007年〔新潮文庫、2011年〕）が重要である。東郷和彦は、外務省条約局長、欧亜局長を歴任し、現在は京都産業大学教授。さらに、近現代史に詳しいノンフィクション作家の保阪正康と東郷和彦による『日本の領土問題』（角川ONEテーマ21、2012年）も、北方領土問題が中心である。

四島返還か二島返還かは、日本内部でも激しい対立を生みだしてきたが、新たに三島返還論を打ち出したのが、岩下明裕『北方領土問題』（中公新書、2005年）である。著者は北海道大学教授。紹介されているロシア・中国の領土交渉が参考になる。岩下明裕編『日本の国境』（北海道大学出版会、2010年）は、北方領土だけではなく、様々な観点から全体を扱っているが、ここであげておこう。

アイヌ先住民族の立場を考慮した重要文献として、上村英明『先住民族の「近代史」』（平凡社、2001年）がある。著者は先住民族研究者で恵泉女学園大学教授。また、最新刊として、越田清和編『アイヌモシリと平和　〈北海道〉を平和学する！』（法律文化社、2012年）が重要である。

その他に、落合忠士『北方領土問題』（文化書房博文社、1992年）、中名生正昭『北方領土の真実』（南雲堂、1996年）、長谷川毅『北方領土問題と日露関係』（筑摩書房、2000年）、長瀬隆『日露領土紛争の根源』（草思社、2003年）、木村汎『新版日露国境交渉史』（角川選書、2005年）、斉藤勉・内藤泰朗『北方領土は泣いている』（産経新聞、2007年）、岡田和裕『ロシアから見た北方領土』（潮書房光人社、2012年）、松本俊一『日ソ国交回復秘録 北方領土交渉の真実』（朝日選書、2012年）など多数の著作が出されている。

〈年表〉

1457（長禄元）年	コシャマインの戦い
1669（寛文9）年	シャクシャインの戦い
1789（寛政元）年	クナシリ・メナシの戦い
1854（安政元）年	日露和親条約
1858（安政5）年	日露修好通商条約
1867（慶応3）年	樺太仮規則調印
1869（明治2）年	蝦夷地を北海道に改称し屯田兵派遣
1875（明治8）年	千島樺太交換条約
1899（明治32）年	北海道旧土人保護法
1904（明治37）年	日露戦争始まる
1905（明治38）年	ポーツマス条約（南樺太日本領に）
1918（大正7）年	シベリア出兵
1941（昭和16）年	日ソ中立条約
1945（昭和20）年	ヤルタ協定
	ソ連対日参戦
	日本、ポツダム宣言受諾
	千島占守島・国後島にソ連軍上陸
1951（昭和26）年	サンフランシスコ講和条約（ソ連欠席）
1956（昭和31）年	日ソ共同宣言、国交回復
1991（平成3）年	ゴルバチョフ・海部共同声明
	ソ連邦解体、ロシア連邦成立
1993（平成5）年	エリツィン大統領来日、東京宣言
1997（平成9）年	アイヌ文化振興法
1998（平成10）年	エリツィン・橋本川奈会談、川奈提案
2007（平成19）年	国連先住民族権利宣言
2008（平成20）年	日本政府、アイヌを先住民族と認める
2011（平成23）年	メドベージェフ大統領国後訪問
2012（平成24）年	メドベージェフ大統領国後再訪問

第3章 竹島

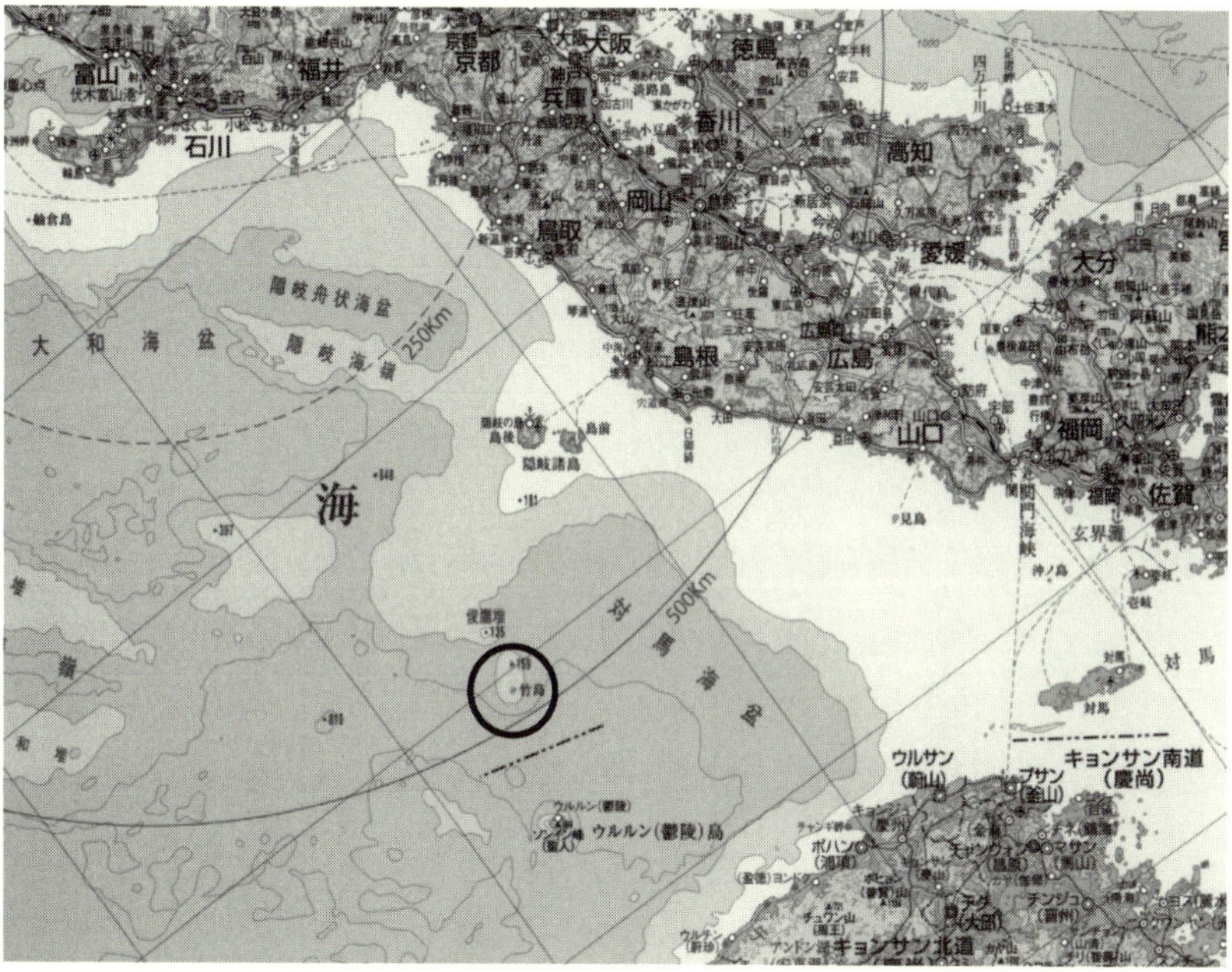
富山
石川
福井
京都
大阪
兵庫
徳島
香川
高知
岡山
鳥取
愛媛
大分
島根
広島
山口
福岡
佐賀
隠岐舟状海盆
大和海盆
隠岐海嶺
250Km
海
隠岐諸島
500Km
竹島
ウルルン(鬱陵)島
ウルサン(蔚山)
プサン(釜山)
キョンサン南道(慶尚)
キョンサン北道
玄界灘
対馬

李大統領独島訪問

前田　２０１２（平成24）年8月10日、李明博（第17代韓国大統領、１９４１年～）が韓国慶尚北道・独島を訪問しました。

木村　島根県隠岐の島町・竹島ですね。やはり訪問しましたね。ロシアのメドベージェフ大統領の国後訪問に影響を受けた行動かもしれませんね。

前田　日本では大統領選挙目当てのパフォーマンスだという批判がありました。大統領再選はないので選挙目当てではないとはいえ、支持率低迷を考慮した国内向けのパフォーマンスという面があります。

木村　そのようなことが大きいのでしょうが、実は慰安婦問題で韓国憲法裁判所が李政権の不作為を糾弾した側面もありました。また、平成22（２０１１）年の12月の日韓首脳会談で、野田首相（当時）から「いい返事が得られなかった」ことなどが竹島訪問につながったのではないでしょうか。

日本領土説の根拠

前田　竹島が日本領であるという積極的な根拠は何ですか。

木村　竹島は日本領です。その積極的根拠として三つ理由があります。第一に、日本が戦争に負けて、連合国との間に講和条約を締結した少し後、いわゆる「李承晩ライン」が引かれました。李承晩（韓国初代大統領、１８７５〜１９６５年）が、昭和27（１９５２）年1月18日に海洋主権宣言をして、李承晩ラインを設定し、竹島をその中に編入し、一方的に自分の領土にしてしまった。韓国が、日本から竹島を取ってしまったのです。

前田　それ以前は日本領だったのですか。

木村　そうです。日本領であったのに「取られた」。韓国側が奪ってしまったので、日本はすかさず抗議をしましたけれども、今日に至っても韓国が実効支配している。奪われなければ、日本の領有権がそこに存在していたはずです。

前田　それ以前は確実に日本領だったと言えるのでしょうか。

木村　それが第二の理由ですが、領土をめぐる歴史的な問題になりますと、どちらが先に見つけたか、どちらが先にこれを開拓したか、その周りで魚を獲ったり、漁船の立寄りを認めたり、認めなかったりということが議論されます。隣同士ですから、境界線の約束事が決まっていたり、決まっていなかったりする。漁業で言えば、そこへ行ってはいけないとか、中に入ってはいけないということが、その時その時の歴史的な古文書に残されています。そして、総じて言えば、漁場として使っていたのは日本だった。竹島問題でも歴史的にはいろいろあるのですが、韓国側は、漁獲便は何回か来ましたけれども、開拓はしていない。日本の方がむしろ長い年月をかけて開拓してきた。だから、日本領です。

前田　歴史的に見て日本領であるという見解ですね。

木村　第三の理由は、国際司法裁判所に関連します。争い事には必ず仲裁者が入ってきます。喧嘩をした場合にも、第三者が、どっちがいいか悪いかの判定をしてくれるものです。第三者による調停や裁判です。国際紛争も、誰が判断をするかと言えば国際司法裁判所がある。サンフランシスコで署名された国際司法裁判所規程に基づいてオランダのハーグに設置された、国際紛争を扱う裁判所です。国連の司法機関です。日本側は、国際司法裁判所に行って判断してもらおう、と提案しています。しかし、韓国は乗ってこない。「国際司法裁判所に行く必要はない」と言っている。韓国側は「独島は明らかに韓国のものであって、そこに領土問題は存在しない。よって第三者の仲介や判定なんか必要ない」と言う。ここには、李承晩大統領が勝手に線を引いて竹島を取ってしまったという後ろめたさがあるのではないか。「悪いことをしているから堂々と国際司法裁判所に出られない」と思われても不思議ではない。

前田　国際司法裁判所は国家間の紛争を解決する機関で、双方が合意して国際司法裁判所に判断を仰ぐことが必要です。合意なしに、一方だけが提訴することはできません。

木村　そうですが、一国でも提訴はできる場合もあるようです。李承晩ラインによって勝手に取られたわけですが、韓国側も漁船の操業はしていたけれども、日本が長らく操業して、開拓して竹島を育てたのです。その前提のもとで、第三の理由は、堂々と第三者の判定に基づいて決めてもらおうということです。竹島を早く日本に返してもらいたい根拠です。

江戸幕府と明治政府の通達

前田　江戸幕府および明治維新政府は「竹島は日本でない」と通達を出しています。江戸時代には、当時の「鳥取藩」が元禄時代に出した文書で「竹島は鳥取藩のものではない」と説明しています。これを受けて当時の江戸幕府も、１６９６年（元禄９年）に「竹島は日本ではないので、日本人は行ってはいけない」という趣旨の通達を出しています。それから、１８７７年（明治10年）に、時の太政官司令所というのが、「竹島外一島之義本邦関係無之義ト可相心得事」と書いています。つまり、竹島は日本ではないと心得よと、当時の太政官――今流に言うと首相級レベルで公式文書を出している。江戸幕府と明治維新政府が、２００年にわたって「竹島は日本ではない」と言ってきました。

木村　確かに江戸幕府と明治維新政府は、そういう通達を出していますが、竹島近辺には、鬱《ウル》陵島《ルントウ》などいくつかの島があるのです。それらの中で、竹島は、日本が領有権を主張して返還を求めている領土ですが、その島がかつて「松島」という名前であったり、韓国領である鬱陵島が「竹島」という名前であったり、かなり混乱していた。名前がかなり混同していて、日本と朝鮮が当時の友好関係を促進しなくてはいけないという配慮から、対馬藩や鳥取藩などに、韓国領に勝手に行ってはいけないと通達したのですが、それは鬱陵島のことです。確かに江戸幕府は、その島に「行ってはいけない」という通達をしています。しかし、竹島（松島）に関しては、漁業のために行っている日本人がいたのです。かつて、あの辺は倭寇がいました。倭寇には実は日本人もいたし、朝鮮人もいたし、一緒になって海賊行為をしていた。幕府は、この取り締まりもやっていたけれども、要するに、江戸幕府と明治政府が通達を出したのは、現在要求している竹島ではなく、鬱陵島のことで、かなり混同があるのと、その当時の日朝関係の安定性をかんがみて、そういう通達を出したと思います。

前田　江戸幕府が混同したというのはわかるのですけど、「鳥取藩」が混同したとは思えません。

木村　鳥取藩もその時その時でいろいろな政策が変わっていくのです。領土と認識していたけれども、海を渡って漁場に行くのは禁止したり、禁止を解除したりしています。漁師からそこに行くのはどうかとか、要求が出ればいいとか、禁止をとくとか、必ずしも一貫した政策ではない。韓国も、鬱陵島においては「空島政策」を取ったりしました。

前田　隠岐から竹島は見えません。

木村　隠岐島からはだいたい170キロぐらいですね。

前田　かなり遠いです。他方、鬱陵島の山の上から竹島が見えます。

木村　見えるらしいですね。

大韓帝国勅令41号

前田　日本人は当時も今もほとんど誰も竹島を見たことがありません。日本側からは見えないし、ほとんど誰も見たことがないから、混同・混乱が生じる。韓国側からは見えるから、混同・混乱は起きません。

木村　見えたかどうかと、領土かどうかは別です。漁師は見えない島にも漁業に行っていました。

前田　次に、歴史問題ですが、大韓帝国「勅令41号」第2条に「石島」という名前が出てきます。鬱陵島と石島を管轄するということで、当時石島と呼んでいたものを大韓帝国領であると述べた文章です。石島という名称は、現場を見てつけた名前だと考えられます。というのは、竹島には竹がないし、松もない。石だけです。だから、当時石島と呼んでいます。一目見れば明らかですが、石島という方がリアルな認識で、韓国は的確に呼んでいる。見えたからです。

木村　大韓帝国勅令というのは、光武4年ですね。

前田　1900（光武4）年10月25日です。日清戦争が終わって、日露戦争が始まる前です。

木村　石島という名前が大韓帝国勅令で出たというのは、想像する範囲では何となくわかります。嘉永2年（1849年）に、フランス船がここを通過して「リアンクール岩」と命名しています。フランス船も「岩」だと見ている。どちらの領土かというところまでは述べていないけれども、石の島みたいなものであるという認識を持っていた。大韓帝国勅令が石島と呼んだことも理解できます。ただ、この勅令41号をもって石島という認識があったと言えても、それが韓国の領有性を明確にしているとまでは言えません。

前田　諸外国に通知していないということでしょうか。日清戦争・日露戦争の時期なので、東アジアが非常にきなくさい状況の中で、大韓帝国としては石島を確保する意思表示だったと思います。日本政府の秘密決定とは違います。

木村　島を利用していませんし、実効支配もないので、勅令だけでは決め手になりませんね。

植民地支配の象徴

前田　韓国側は領土問題というよりも、歴史認識問題として受け止めています。そういう人が非常に多いです。韓国政府もそれに近いですけど、歴史学者とか一般の人に聞いても明らかに歴史認識問題という言い方です。竹島を日本領に組み入れたのが１９０５年です。１９０５年1月28日に閣議決定で竹島という名前をつけた。この時期は、日本が日露戦争で大陸に進出して、朝鮮半島を徐々に日本に組み入れるプロセスです。1904年の第一次日韓協約とか、1905年の第二次日韓協約。これで韓国の外交権を奪って、日本が外交権を行使している。結果として1910年の韓国併合で韓国を日本にしてしまった。そういうプロセスの中で、独島(竹島)を日本に取られたのだと韓国側は認識しています。植民地支配の象徴的な例としての独島です。その歴史解釈についてはいかがでしょうか。

木村 韓国サイドから見ると、そういう歴史認識と領土問題を重ねて「日本に取られたのだ」という言い方は、ありうるとは思います。ただ、そこで留保したいのは、当時の東アジアの状況ですが、非常にきなくさい中で、韓国そのものが日清戦争や日露戦争に至るプロセスの中で、国内ではいろいろな勢力が競い合っていた。日清戦争の時、明治27(1894)年頃には、韓国内ではもう自国を治める統治能力がバラバラになってしまっていました。ロシア派もいれば、中国(清)派もいれば、日本派もいて、いろんな紛争・事件が起きていました。韓国でも「日本と一緒になって明治維新を見習い、朝鮮維新をやって、独立を保とう」と願って、日本に来た留学生がいました。例えば金玉均(李氏朝鮮後期の政治家、1851~1894年)は日本に留学し、福沢諭吉(思想家、慶応義塾創始者、1835~1901年)の支援を受けた。韓国でも、ロシアに従わない、清に従わないで独立を保っていこうという人たちがクーデターを起こしたり、何日間か政権を握ったりした。そういう状況があって、日本もその人たちを支援したのです。特に福沢諭吉は応援して、匿まっていました。

前田　しかし、福沢諭吉のアジア認識は非常に差別的だったのではありませんか。安川寿之輔『福沢諭吉のアジア認識』（高文研）は、福沢諭吉全集には朝鮮・中国蔑視思想が貫かれていることを論証しています。

木村　私はそう思いません。「福沢諭吉と朝鮮」という慶應義塾大学が出したパンフレットには、いかに福沢が朝鮮のために努力したかが書かれています。「差別的というより、一種の諦めみたいなもの」があって、「悪友とは手を切らないといけない」となるのです。

前田　金玉均らを支援したのも、日本の植民地にするために利用しただけではありませんか。

木村　違います。中国の圧力を撥ねのけたりして、１９００～10年には、韓国内では李容九（韓国の政治家、日韓併合推進者、１８６８～１９１２年）など一進会（大韓帝国時代の政治結社、１９０４～１９１０年まで活動）が登場して、かなりの影響力を持ち、韓国と日本が合邦して、中国やロシアに対抗していこうという、「日韓合邦運動」がありました。そういう時期があるわけです。竹島の領土問題というよりは、もっとダイナミックな大きな意味で言えば、韓国と日本が一緒になっていこうという意識もあったのです。結果として戦後から見ると、日本が韓国を併合した形になってしまいました。このため、侵略して、同時に竹島を取ったのだろうと言われる。しかし韓国側にも日本の力を借りて日本と合邦していこうという人たちがいた。今ではその歴史がないがしろにされてしまっている。李容九らは「親日派」として「売国奴」と批判されています。韓国の方々も自分たちの国内の闘争、争いや内輪もめ、がたがたしていたのを抑えきれなかった中で事態が推移していたので、一方では領土を奪われたと強調したいのでしょう。

前田　歴史認識として語るのなら、竹島だけではなく、より大きなパースペクティヴ（視点）で見るべきです。だからと言って、「日鮮同祖論」の再来になっては困りませんか。

木村　韓国の退役軍人で空軍三佐（少佐）の、崔三然という人と親しくさせていただいていますが、彼は「韓国は自分たちが弱かったこと、国内問題でもめていて自分たちで処理できなかったことを、日本にやられたとずっと言い続けている。これはよくない」と言っていました。

「竹島はどうですか」というと、「竹島も確かに日本との領土問題であるけれども、歴史問題とは違う」というのです。そういう方もいらっしゃる。歴史認識問題となると、話が必要以上に難しくなります。歴史認識問題と領土問題を分けないといけない。

前田　韓国側は、いわゆる「慰安婦」問題（日本軍性奴隷制問題）で、日本に対して国際司法裁判所に行こうと言います。そうすると日本側は拒否する。韓国政府が公式に申し入れてはいないのですが、韓国市民社会から何度も日本に対してそういう声が寄せられてきた。日本側が国際司法裁判所に行こうとしないのは明白です。竹島については、韓国は現に独島（竹島）を領有しているのだから、国際司法裁判所に行っても何も得することがありません。国際司法裁判所に行かなくても韓国のものは韓国のものだということで済みます。日本は実効支配してないので、国際司法裁判所に行けば、もしかしたら得するかもしれない。だから、国際司法裁判所に行こうと言える。「慰安婦」問題はその逆の関係で、日本がきちんと謝罪補償しないので、韓国側は国際司法裁判所へ行こうと言う。そうすると日本は行かないと言う。両者が交錯している部分で、歴史認識がストレートにぶつかってしまう。その辺は別問題として理解した方がよいということでしょうか。

木村　歴史認識問題にすると、ますます解決できない。いわゆる「慰安婦」問題で言えば、「アジア女性基金（女性のためのアジア平和国民基金）」があって、宮沢首相の一文を添えて謝罪しました。村山富市首相（第81代首相、1924年〜）のお詫びもありました。平成7（1995）年8月15日にお詫びの「村山談話」を出して、アジア女性基金が発足して、韓国、台湾、フィリピンで償い金を支給してきました。村山談話を踏襲することは、その後何度も確認されています。誠意があるかないかということが向こう側から言われるかもしれませんが、要するに「慰安婦」問題においても、「アジア女性基金」で解決をしていければ一番いいと思うのです。

前田　「アジア女性基金」は、韓国側の反対があったのに押し切って強行したために、解決どころか、かえって反感を買いました。相手を無視し、蔑視していることが明らかで、問題をこじらせただけです。

木村　解決とは何かというと、その人たちに対する真摯な態度ですね。償いの中で弔慰金やお金をあげればいいというわけではないです。まずは必要な弔慰性といいますか、誠意を示すことです。実際、「アジア女性基金」を受け取って、日本側のお詫びを誠意として受け止めた方もいらしたわけです。台湾がそうでしたし、インドネシアもそうだったのですけれども、日本側が気持ちを表す、誠意を示すということで、「アジア女性基金」の中から補償することが必要です。時に、札束で頭をひっぱたいたり、全然誠意がないではないかと言われてしまうのですが、むしろ韓国の女性、いわゆる「慰安婦」の方でそれを受けとった方が、今度は韓国内で挺隊協（韓国挺身隊問題対策協議会）から「お前はなんで受け取ったのだ」とバッシングを受ける状況は何か変だなと思います。

前田　１９９０年代半ばから、日本政府やアジア女性基金が、被害者や被害者支援団体を分裂させようと躍起になった結果です。しかも、事実を否定する無責任な政治家発言が続いています。

木村　当事者間で問題を解決できる、解決しようという意志があった時に、当事者の誠意をどこまで汲みとってもらえるかが前提にあります。しかし、被害者と被害者支援団体を分裂させる動きがあったと思い込んでしまうと、話は解決しないのではないか。政府やアジア女性基金がやろうとしたことは真摯に受け止めていただきたい。

前田　アジア女性基金は解散しましたが、関係者自身が「失敗」であったことを認めています。アジア女性基金はそもそもこの問題の当事者ではありません。当事者は日本政府です。政府が補償せずに、民間基金をつくったことが間違いの始まりです。被害者が反対しているのを承知で見切り発車しました。当時の関係者は善意のつもりだったかもしれませんが、被害者を無視して、一方的に「和解」を押し付ける結果になりました。しかも、朝鮮、中国、マレーシア、東ティモールなどの被害者を完全に無視しました。「誠意」がないと批判されたのはやむをえません。竹島問題に戻りますが、日韓条約（日本国と大韓民国との間の基本関係に関する条約）で解決すべきだったのではないでしょうか。李ラインが１９５２年にできて、ちょうどサンフランシスコ講和条約と同時並行で、違う形で動いてしまった。その時点に立ち返って、解決しておくべきだった。

木村　遡って言うのはなかなか難しいのですが、当時は日本と韓国はそんなに悪い関係ではなかった。

前田　でも、国交はなかった。

木村　国交は、昭和40年の日韓条約からです。

前田　1965年6月22日に日韓条約が締結されました。

木村　朝鮮半島が南北になっていましたし、混乱があり、状況を見ていたというのが事実で、日韓がすぐ条約を結べなかったと思うのです。内外にいろいろな問題もありました。当時は確かに対北朝鮮ということで「反共同盟」の意識が、日本と韓国には強かった。日本と韓国が共産主義の脅威に対抗して、共同して守って行こうという情勢です。それもあって竹島問題は棚上げしたわけです。竹島問題でぶつかっていたら、日韓同盟なんかとてもできなかったし、共産主義の脅威に対抗できなかった。さる自民党の高官だった川島正次郎（日本の政治家、自民党幹事長・副総裁を歴任、1890～1970年）だと思いますが、竹島で日韓が角逐するのであれば、竹島なんかダイナマイトで爆破してしまえということを、自民党の高官が言ったという話がありました。

前田　同じことを韓国側でも言っていたようです。

木村　金鍾泌（韓国の政治家、金大中大統領政権時の首相、１９２６年〜）が、言っているのですね。金鍾泌は親日派で、戦時中に日本にも来ていた方で、日本の自民党政権を担っていた人たちと反共防衛構想をともに持っていたのです。そういう認識があった中で、一つの解決方法としてダイナマイトで爆破するということは、要するに「竹島問題をあまり重要視するな」ということだった。そういう意味での言葉です。しかし、その時点で何か解決できたかというと、結局できなかったのですが、一つの案として、私は日韓共同主権みたいな形で、利害の一致を追及する話し合いができなかったのかと思いますね。竹島は男島と女島があります。二つありますから、面積でいえばちょうど日比谷公園と同じくらいの周囲4キロくらいの面積がありますけど、これを反共同盟の一環の中で、爆破するよりも、共同主権をともに認め合うことが、当時はできなかったのかなと思います。

前田　竹島は2島37岩礁で、面積は0・23平方キロです。

木村　日比谷公園より少し広い程度です。東京ドームの5倍ですか。

前田　こんな小さな島のためにこれほどのエネルギーを傾け、ナショナリズムに熱中することが不思議です。日本人は福島第一原発事故で厖大な領土を人の住めない地域にしました。10万人もの人々が故郷を奪われました。福島県沖の太平洋もまともに漁業のできない地域にしました。国民の生活を破壊し、厖大な領土と領海をこれほど粗末に扱っているのに、竹島、竹島と騒ぎ立てるのは、目くらましとしか思えません。

木村　そうではないと思います。やはり戦前、日本が領有していた領土ですから、戦後の講和で除外されていたにもかかわらず、「李承晩ラインで奪われた」という不正義感にもやもやした意識が盛り上がってくるのではないでしょうか。福島の問題は、我々の国土を汚したという政治の不作為に対する怒りがありますね。

少女時代の「独島は我らのものだ」

前田　余談ですが、韓国側には鬱陵島から船で独島／竹島へ行って、独島の周りをぐるりとまわるツアーがあるそうです。日本人も乗船できますが、「独島は韓国領だ」と認める文書に署名をする必要があります。これまで70人くらいの日本人が行ったようです。船上でコンサートなんかもやりながら、歌うのが「独島は我らのものだ（ドクトヌン　ウリタン）」という歌です。
日本には「竹島音頭」のような歌はありますか。

木村　「音頭」のようなものはありません。ただ、『山陰名勝唱歌』一編（明治41年）、同二編（明治42年）に奥原碧雲（本名・奥原福市）作の「竹島」という言葉が入っている唱歌があります。また、和歌では「あしかのみ海士かとらへし竹島に鯨のえものおもひかけきや」（高崎正風）、「雲霧を伊吹はらひし神風に竹島の名ハあらはれにけり」（大口鯛二）というものがあります。

前田　韓流、K―POPに「少女時代」（9人組アイドルグループ、2007年デヴュー）という超人気グループがあります。

木村　名前は聞いたことがあります。

前田　少女時代が「独島は我らのものだ」と歌っているのですが、それはご存知でしょうか。

木村　知りません。

前田　映像がＹｏｕＴｕｂｅにアップされていました。少女時代が「独島は我らのものだ」と歌っていたのですが、ＹｏｕＴｕｂｅにのったとたんに日本中から猛烈な攻撃があって、消されてしまったようです。著作権の問題かもしれませんが。

木村　そうですか。

前田　少女時代の熱烈なファンだった日本の若者がファンをやめたという話もあります。

木村　歌を歌うというのは、非常に雰囲気を盛り上げることもできますけど、逆の面から見ると、弱さを反映しているとも言えます。そういうことをしなければ主張できないというか、認識を一致できないということです。そういう要素が含まれている気がします。というのは、盧武鉉（第16代韓国大統領、１９４６～２００９年）という弁護士出身の大統領がいましたが、この方、確か自殺して亡くなられたのです。

前田　表向きは自殺ということですが、いろいろ疑われていました。

韓国政治の揺れ

木村　山から飛び降りたということでした。しかしこの方の政権時代に、親日派ですか、日本と親しい人たちのグループをどんどん排除していった。そういう形で、親日派をどんどん一掃することに一所懸命だった。こういう言い方が適切かどうかわかりませんが、韓国社会を見ると、わりと一気に振れるというのですか、揺れの動きが激しいですね。金大中大統領がよかったと思えば、その前にいた盧泰愚（第13代韓国大統領、1932年～）とか、全斗煥（第11・12代韓国大統領、1931年～）とかもそうですが、大統領が職務を終えると、極端な形で失脚してしまう。元大統領が次の政権によって叩かれる。金泳三（第14代韓国大統領、1927年～）も、大統領を辞任すると、すごく叩かれる。そういうブレが大きい社会という気がするのです。政策ががらり変わってしまう。

前田　日本とは政治風土がずいぶん違います。

木村　私は結構、韓国の人と話します。この間も韓国大使館の公使や参事官と会って2時間ばかり議論させていただいたのですけど、「韓国の人は結構こうやってブレるのではないですか」と聞いたら、「我々はそんな感情的にならない」と仰っていました。そのわりには、揺れ動いてるように見えるのですが。その辺、どうですか。親日派を一掃するというのは。

前田　先ほどの歴史認識の問題で、親日派がその地位を利用して韓国の利権を日本に売り飛ばした。それを自分たちのポケットに入れた。だから、ポケットに入れた部分を取り上げろという形で動いたようです。

木村　具体的事実として自分たちの地位を利用したのでしょうか。

前田　ポケットにいれた資産の問題は主に植民地時代、戦前の親日派のことだと思います。他方で、韓国経済の高度成長期にも、政治的にも経済的にも腐敗し、不正が行われました。全斗煥政権時、光州事件（１９８０年5月、全羅南道の光州における民主化運動に対する軍事弾圧）は象徴的です。自国民を大量に殺してしまいました。しかも、殺された側が、肉体的に殺されただけではなく、精神的にも殺されて、遺族も沈黙に追いやられた。その時期が長いので、それをひっくり返した時に、被害者の名誉回復をするためには、やはり加害者側を厳しく批判しなくてはいけない。

木村　全斗煥、盧泰愚あたりは、冷戦終結と国連加盟があって、韓国もオリンピックを開催するなど発展していった。日本との関係も徐々に自己主張型になっていったのでしょう。朴正熙（第5〜9代韓国大統領、1917〜1979年）などは、日本と深い関係があったようですけど、その後は韓国も独立・発展したので、状況が違うのではないでしょうか。

前田　全斗煥のクーデターは、韓国の空挺部隊を使っていますけど、米軍の支援があったとも言われています。

木村　朴正熙なんか逆に言えば、アメリカに殺されたようなものです。

前田　韓国現代史における評価がどうかは知りませんが、やはりアメリカに支持されて出てきて、結果としてアメリカに捨てられた印象が強い。

木村　という感じですね。だから米軍の承認が得られやすい政策が出てくるのです。全斗煥がどれだけコミットしているかはわかりませんが、一種の混乱を押さえました。その手法は紳士的じゃなかったが、そうかと言って、いきなり盧武鉉が歴史認識問題で反日にカーブするような、親日派一掃というのは極端すぎる気がするのです。

前田　竹島を韓国が長期にわたって占有してきたことに、日本はあまり異議申し立てをしてきませんでした。一応の異議申し立てはしているのですが、途中ずっと空白の時期が続きます。日本が表立って竹島領有を主張するようになるのは、島根県が声を上げたこの10数年ほどのことです。２００５（平成16）年に島根県が「竹島の日」を決めました。長い間、日本側は忘れていたのではありませんか。日本から竹島は見えないし、誰も行ったことがない。１９５２年、李ラインが設定された時は、日本政府は韓国に抗議したのですね。あるいは日米合同委員会の中で竹島は日本領だとか、１９５４年に国際司法裁判所のことを持ち出したりしていますが、結局、肝心要の１９６５年の日韓条約交渉過程では、議論をしなかった。それから約40年、日本側は公式にはあまり持ちださずにきた。日本社会も忘れていて、大半の日本人は竹島など知らない。２００５年の島根県「竹島の日」以後に騒ぎ始めたのであって、日本側は忘れていたのではないでしょうか。あるいは何らかの理由で持ち出す必要がない、あるいは持ち出しても何も得ることがない等の判断をしていた。木村さんは、いつから竹島は日本だと主張するようになりましたか。

木村　30年前くらいですね。竹島は日本領だと主張してきました。なぜかと言うと、まずは尖閣諸島だったのですが、昭和53（1978）年に魚釣島に上陸して灯台を建てました（その経緯は本書第四章120頁以下）。

前田　尖閣諸島に行ってはいけないという政府方針に反して（笑）。

木村　政府方針に反して、灯台を建てた（笑）。21歳でしたから、34年前です。尖閣諸島に上陸して、灯台を建てて、領有を主張しました。やはり日本の領土問題といったら、北方領土と竹島も欠かせません。取り戻さなければなりません。それで、30年くらい前から、私は竹島の置かれている状況も認識していて、韓国大使館にも抗議してきました。

前田　日本政府がある時期、空白状態だったことはいかがでしょうか。

木村　日本政府も忘れていたわけではない。昭和30年代から、竹島に国政調査権を利用して参議院議員が海上保安庁の船で毎年一回視察しています。ずっと続けてきました。海上保安庁に聞いても、必ず行かなくてはいけないらしい。視察して、竹島の海域に行って、返還を要求するデモンストレーションはやっている。

前田　接岸や上陸はしていません。

木村　してはいないけれど、必ず近くまで行って、それで主張するということは毎年必ずやっています。表に出ないだけです。

前田　日本政府はこれまで国民にもアピールしてきませんでした。

木村　例の２０１０年の中国漁船事件の映像をＹｏｕＴｕｂｅに流した元海上保安庁の一色正春さんに聞きました。竹島はどうやっているのかと聞いたら、必ず毎年近くまで行っています、と言っていました。

前田　そうすると、なぜ外交交渉等には至らなかったのでしょうか。

木村　外務省のホームページを見ると主張はされています。これまで外交交渉にならなかったのは、対北朝鮮問題もあり、日韓離間につながると思ったふしがありますね。

前田 あれも、たかだか10年くらいではないですか。もっと前から出していましたか。

木村 だと思います。少なくとも竹島に韓国警察隊が常駐するとか、港をつくられたことが、やはり20年くらい前にありました。それに対して日本政府は正式に抗議をしました。大使を召還するとかそこまではいっていないけど、厳重な抗議をしています。

前田 日本政府は対外的に主張してこなかったわけではない。

木村 なかったわけではないです。

前田 そうすると、不思議なのは1965年の日韓条約締結のプロセスでなぜこれが議論されなかったのかです。

木村 議題にのっていないですか。

前田　領土問題関係の書物には、たいてい、議論しなかった、棚上げにしたと書かれています。

木村　なるほど。正式議題にしなかったのは、やはり日韓の、その当時の対北朝鮮、共産主義に対する対抗措置としての同盟関係に亀裂を生じさせてはいけないので、日本側も韓国側もそれを提案しない、お互いに控えたということでしょう。

前田　１９６５年当時だと反共同盟の構築の方が重要だった。

木村　その方が共通の利益があった。

前田　それならば、現在も、竹島一つで争うよりも、日韓の友好関係を発展させる努力をした方がいい。

木村　大局的に見ればその通りです。しかし、領土問題は譲歩できない問題ですし「嫌韓」という反発感情が最初か後かはともかく、争いのテーマとして盛り上がってしまうのです。

ナショナリズムの難しさ

前田　東北アジアの平和を実現するためには、領土問題の早期解決が必要です。現に長期間にわたって占有してきた韓国が譲歩する可能性はないのだから、日本側が断念するしかないのではありませんか。

木村　これはなかなか難しいですね。だから、領土問題というのは本当に難しい。やはりナショナリズムがあります。ナショナリズムとは何かというと、究極的には競争です。国際社会に出ていけばいくほど、韓国の人と外国で接触したら、いろいろと話をしなければいけなくなってくる。その時に、「いやもう、竹島を譲りますから、独島を譲りますから」などとは、なかなか言えない。では、お互いに共同でこれをうまく使いましょうと言っても、向こうも、そうしますとはなかなか言えない。ですから、私は、一つは歴史問題として「慰安婦」問題をそれはそれで考えなくてはいけませんが、竹島については領土問題に限定して、国際司法裁判所で、領土問題を扱う国際機関で、意見交換をし、話し合いをするのがいいと思います。もちろん、当事者間でお互い百歩譲り合って共同主権、お互いにこれはこっち、これはこうだというこことをやる必要があると考えます。漁業問題を、お互いの漁民の生活権を尊重するためにはどうするかと話し合った日韓漁業協定があります。日韓漁業協定をもう少しいろいろな角度からつくっていった方がいいのかなという気はします。ですから、譲れないのだけど、お互いに百歩譲ることで、共同主権なり、漁業協定に弾力性を持たせる。当事者間で解決がつかないのならば、やはり第三者の判定を得るためにとりあえず、当事者同士の話し合いを促進させる。

前田　かつて李ラインが引かれたのも、軍事的な意味も非常に強かったけれども、それ以上に日本にとっては漁業権の問題があった。韓国側がラインを引いて、この中は韓国の漁業権だから、日本の船は来てはいけない。日本の船がそこに行って魚を捕ると拿捕された。そういう大変な歴史があります。それは昔の話で、今は、まあそんなこともあったよね、くらいで済んではいるのですが、新漁業協定の話でいくと、長期的な話で言うとやはり、食糧問題、エネルギー問題ともからめて、日本にとっての竹島の漁業における地位、あるいは海底資源における位置とかそういう問題が出てくると思います。

木村　一時期、日韓海底トンネルを造ろうなんていう話がありました。昭和初期にもあったそうですが、１９８０年代にはかなり具体的に議論されていました。

前田　釜山と福岡でしょうか。イギリスとフランスの間には海底トンネル、ドーバー海峡の下に海底トンネルがあります。ヨーロッパだとイタリアとスイスの間のシンプロントンネルが有名です。つまり二国間のトンネルは珍しくない。日本と韓国との間にそれはできるかという話があったと思います。

木村　そうです。海底トンネル交渉を通じて日韓の友好を深めることができるし、トンネルができれば、その後の交通や友好も促進できます。平成14（２００２）年のワールドカップ・サッカーは日韓共同開催でした。あれは非常に画期的でした。日本と韓国はいつも論争ばかりで領土問題だとか、歴史認識の問題でぎくしゃくしてばかりではなく、新しい日韓関係を構築するもとになりえた。だからといって、領土問題は棚上げしていいわけではありません。竹島問題がそんなのでいいというのではありません。しかし、友好関係を促進することはもっと進めて良い。平成23（２０１１）年10月21日に東京・四谷にある韓国大使館の文化院で開催された日韓共生シンポジウム『共生協力の日韓関係企画フォーラム　日韓市民社会・文化の観点から』に呼ばれて参加してきました。ただし、右翼は私一人だったのです。

前田　お一人ですか。

木村　レセプションの時に韓国大使や公使と少し話しました。そこで聞いていたら、一橋大学の権容奭先生が最近の韓国の若者について話をされて、韓国の俳優、裴勇俊（ペ・ヨンジュン）はすごく日本社会で受け入れられて、日本人に好かれている。これからの日韓関係の先を見るのに、今までの戦後世代、年齢が50歳以上の方々は、いくら日本が良いことをしても、日本の良いことは褒められなかった。しかし、今の若い人たち、日韓ワールドカップ以後の人たちは、日本に対するコンプレックスがなくなりつつあって、「日本も良いことしているじゃないか。良いことは良いことだ。でもここの部分は日本は良くないよ」ということをきちんと整理して言えるようになってきたと仰っていました。昔の人は日本がいくら良いことをしても絶対に良いと言えない。もし良いと言ったら、周りから「お前はなんだ、日本の味方か」と言われてしまう。それが、状況が変わってきた、ということでした。これを聞いて、日本と韓国はこれから先、いろいろな話し合いができるのではないかと思ったのです。

前田　世代論で行くと日本はどうでしょうか。若者の間に韓流やＫポップのブームもあるけれど、同時に「嫌韓流」（２００５年発行の『マンガ嫌韓流』がベストセラーになって以後の状況）も激しくなっている。

木村　かつてと比べれば、韓国を理解している若者が増えているでしょう。

前田　長いスパンでみれば増えていますね。

木村　従って、領土問題も、互いに議論し合えるようになる。天児慧（早稲田大学教授）も、竹島問題解決は可能だ、いろいろな可能性があると仰っていました。共同主権も含めて可能だと。だから、今後の日本と韓国の関係を考えるとワールドカップ共催は非常に明るい材料になったと思います。

前田　若者の意識変化を一つの手掛かりとしつつ、同時に、東アジアにおける平和構築の全体像を描きながら、その中で竹島問題を解決に導いていく流れでしょうか。

木村　次の世代が未来を決めるでしょうから、今はそのための議論ができる状況を作らないといけません。

平壌の「アリラン」

前田　反共、反朝鮮という意味で日本と韓国が手を結んできました。他方で、朝鮮から見た竹島問題の公式見解があるのかどうか知りませんけれども、向こうで聞いたら、やはり平壌の人たちも「独島は朝鮮人のものだ」と言っていました。

木村　平壌に二回行きましたが、竹島は朝鮮のものだと、朝鮮労働党の人は言っていました。ただ、本当かどうかは分からないのですが、２０００年以前、１９９０年代までの朝鮮が発行していた地図には、独島という表記がなく、２０００年以降に独島を入れたそうです。

前田　平壌で「アリラン」は見ましたか。

木村　見ました。何万人も参加する巨大なマスゲームですね。

前田　「アリラン」の最後に人間が大勢並んで朝鮮半島の地図を描きます。一番感動的なシーンです。以前見た時は、朝鮮半島と済州島だけだったと思うのです。２００８年に見た時は、日本海（東海）にも大勢立っていたので聞いてみたら、鬱陵島と竹島だそうです。

木村　やっぱりそうですか（笑）。その前はなかった。私も平成12（２０００）年を境にして、それ以前は地図には表記されていなかったと聞いたのですが、わりと符合するものがありますね。

前田　私は地図では見ていませんが、朝鮮側としてはやはり半島の北側の半分をひじょうに正確に描いていたのではないでしょうか。延坪島付近の軍事境界線に見られるように、朝鮮と韓国の間でも境界線の争いがあります。

木村　私は北朝鮮に二回行って、北朝鮮の人が純粋で本当に国のために、国の体制を支えることに一所懸命だとわかりました。いろいろな人と意見交換して感じたのですけど、韓国を未だに認めていないでしょう。「南朝鮮傀儡政権」ということで。

前田　朝鮮戦争がありましたし、朝鮮も韓国も朝鮮全部が自国領であると考えていました。１９４８年（２０１２年改正）の朝鮮民主主義人民共和国憲法第１条は「朝鮮民主主義人民共和国は、全朝鮮人民の利益を代表する自主的な社会主義国家である」としています。

木村　同年の大韓民国憲法第3条は「大韓民国の領土は韓半島とその付属島嶼とする」となっていますね。

前田　韓国と朝鮮は1991（平成3）年に同時に国連加盟しましたから、それ以後は、相互に「国家承認」しているはずです。

木村　私の立場で言えば、北朝鮮はやはりアメリカから経済制裁を受けていますし、アメリカと戦っています。38度線がアメリカの支配下に入らないで、自主独立の朝鮮が形成できたらいいなと思います。

前田　朝鮮半島とアメリカの問題は深刻な国際関係ですし、重要ですが、また次の機会に伺いたいと思います。さて、先ほど共同主権ということが出たのですが、竹島周辺というのは、今は漁場としてはさほど魅力的ではないと聞きます。

木村　漁師の方々から見れば、この辺はなかなか魚が穫れないとか、この辺はいいとか、二分されていますが、どうでしょうか。最近、韓国が日本海という名称を、東の海、東海（トンヘ）という名称に変更してくれと、言ってきています。平成９（１９９７）年以来、国際水路機関――水のことを決める水路機関の会議で「これは日本海ではないのだ、ジャパンシーではなくて、イーストシーなのだ」と提起していますが、受け入れられていない状況です。漁業協定も日本海で、日本と韓国の漁業の状況を議論して条約を結んでいくのでしょうけれども、日本海を東海にするというのはどうかなという気もします。韓国側に政治的な目的があるとすれば、なかなか難しい話です。

前田　朝鮮半島から見れば東の海だけど、日本から見たら西北の海なので、あれを東の海と言われても困るという感じですね。ただ、その出発点は、江戸時代に、日本人は太平洋のことを日本海と呼んでいたという記録もある。太平洋を日本海と呼んでいた。ところが、国際社会に出てみると、あそこはパシフィックオーシャンなので、日本海という名前がなくなってしまう。それでは困ってしまうので、今の日本海を日本海と呼ぶようになったようです。ですから、韓国側からは「それはおかしい」と言ってくることになります。

誠意ある対話を

木村　領土問題では、なかなか百歩譲ってという話はできないけれども、20年後、30年後を考えて議論したいものです。日韓ワールドカップ共催の経験を踏まえて、領土問題は領土問題、歴史認識問題は歴史認識問題で、分けて議論をしていくことが解決の早道ではないかと思います。解決の仕方はいろいろあると思います。例えば共同主権を提案してやるのも一案です。「慰安婦」問題に関しては、日本政府がもっと踏みこんで、女性たちはどんどん高齢者になってしまいますから、時間がないのですけれども、そこを踏みこんでですね、誠意と補償をどういう形で表すかも議論しなくてはいけない。早くしなくてはいけない問題でもあるのです。これを分けてやったほうがいいのではないか。

前田　韓国にも過激な人がいるようで、「対馬も元々韓国のものだ」という方が民間人にもいらして、日本側では「韓国人が対馬にやってくる、取られるのではないか」と騒いでいる人がいます。

木村　平成16（2004）年6月だったと思いますが、対馬が話題になりました。私も対馬に三回行きました。市長や助役に会って話したのですが、韓国の馬山（マサン）市議会が「竹島の日」に対抗して、「対馬は韓国領」という決議をしたのです。文永の時代でしょうか、対馬が三日間くらい占領されたことがあって、その船が対馬を目指して出帆したのが馬山だった。馬山市議会が、「対馬（テマド）は韓国のものだ」といって決議をしてしまった。それで韓国は盛り上がるのですが、日本国内は「対馬が危ない」と騒ぎになります。韓国からいっぱい観光客がきているし、対馬の海上自衛隊の隣には韓国人のリゾートがつくられて、土地も買われてしまった。これは危ないということで、「産経新聞」を中心にキャンペーンが張られたのです。

前田　韓国政府は馬山決議を不適切な決議だと表明したと記憶しています。

木村　対馬はかつて人口7万人だったのが、今は3万5千人くらいに減っています。過疎化している。漁業はありますけど、他に産業があまりないので、韓国の観光客がどんどんくると観光収入があがるから受け入れたいのです。ところが、観光客の中にはマナーの悪い人たちがいて、「対馬は韓国領だ」と、神社の絵馬に書いてしまったりする人もいました。

前田　領土問題ではなくて、マナー問題です。日本側の歴史や文化への手出しということになってしまいますね。

木村　確かにマナー問題になりました。一般の韓国人に聞くと、「それは行き過ぎたナショナリズムの発露だ」と言っていました。

前田　ナショナリズムはともすると双方とも過激になってしまいます。

木村　韓国の退役軍人の方々が対馬市役所の前で、頭を坊主にしたり、手の指を自分で切ったり、そういうパフォーマンスをしました。テレビのニュースでも流れましたけど、退役軍人が「対馬は韓国領だ」と言って、髪の毛をバリカンで剃るのです。そうかと思うと、ある人がカッターで自分の指を切って、「これで対馬に韓国人の血を落とした」と叫ぶのです。それほどテンションの高い人はごく一部でしょうが、全体の印象を変えかねませんね。対馬は日本の領土ですから大丈夫ですが。

前田　ナショナリズムのために頭に血が上る人はどちらにもいます。民族派の立場はナショナリズムを大切にするということですが、行き過ぎたナショナリズムに陥らないためにはどうすればいいでしょうか。

木村　まずは相手の立場を尊重するという度量を持たねばなりません。自分たちがその立場であれば、同じことになるという感覚です。といって、問題が即刻解決するというのではなく、できれば対話を継続するということでしょう。誠意をもって対話するしかありません。共通性があれば、それを見出し、異なることを明確にして、議論を深めることができればよい。しかし、領土ナショナリズムに関しては難しい。竹島に関しては、不法占拠されているという認識が強いからなおさらですね。だから、対話を開始する前提条件は、竹島に常駐する韓国海洋警察隊の即時撤退ではないでしょうか。

前田　２０１２年12月に、日本でも韓国でも選挙がありました。日本では安倍晋三自民党政権が復活しましたし、韓国では朴槿恵（パク・クネ）が第18代大統領に当選しました。今後の日韓の対話の在り方に注意を払っていきたいと思います。

〈参考文献〉

竹島日本領説としては、下條正男『竹島は日韓どちらのものか』（文藝春秋､2004年）がある。著者は韓国･仁川大学校客員教授などを経て、拓殖大学教授である。韓国側は感情に流れる傾向があり、日本側は事なかれ主義の傾向が強いとし、日韓の冷静な議論を呼びかける。

韓国側の主張は、金学俊『独島／竹島　韓国の論理』（論創社、2004年）で読むことができる。著者は元仁川大学総長、東亜日報社長。

日本側で韓国領説を唱えるものとして、内藤正中『竹島をめぐる日朝関係史』（多賀出版、2000年）、内藤正中・朴炳渉『竹島＝独島論争　歴史資料から考える』（新幹社、2007年）、内藤正中『竹島＝独島問題入門』（新幹社、2008年）がある。内藤正中は島根大学名誉教授、朴炳渉は竹島＝独島ネットワークの歴史研究者。

他方、子どもと教科書全国ネット21編『竹島／独島問題の平和的解決をめざして』（つなん出版、2010年）は、日本側が領土問題を唱えるのに対して、韓国側は歴史問題（植民地支配問題）を意識せざるを得ないためにすれ違いが起きていることを指摘する。

池内敏『竹島問題とは何か』（名古屋大学出版会、2012年）は、名古屋大学教授による最新の本格的研究書である。従来の日本側及び韓国側の諸研究を踏まえて、これらを精査し、研究の不備を補いながら竹島問題に迫る。著者は、上記『竹島／独島問題の平和的解決をめざして』においても、日本領か韓国領かの決定打はないという結論であり、本書も同じ結論に至る。もっとも、通読すれば、日本側の主張に理がないことが指摘されていて、実質は韓国領説になってもおかしくはない内容である。いずれにせよ、本書を抜きに竹島問題を語ることはできない。

竹島論争における「領土ナショナリズム」を対象化した研究書として重要なものに、玄大松『領土ナショナリズムの誕生』（ミネルヴァ書房、2006年）がある。著者は東京大学東洋文化研究所助教授であった。

その他、大西俊輝『日本海と竹島　日韓領土問題』（東洋出版、2003年）、ロー・ダニエル『竹島密約』（草思社、2008年〔草思社文庫、2013年〕）、古谷ツネヒラ『竹島に行ってみた！』（青林堂、2012年）がある。

〈年表〉

1403（太宗 3）年	朝鮮王朝、鬱陵島に空島政策
1431（世宗 13）年	朝鮮王朝『太宗実録』編纂
1454（端宗 2）年	朝鮮王朝『世宗実録』編纂
1481（成宗 12）年	朝鮮王朝『東国輿地勝覧』編纂
1625（寛永 2）年頃	徳川幕府、大谷・村川両家に竹島（鬱陵島）渡海免許
1693（元禄 6）年	大谷船、鬱陵島から安龍福らを連行
1695（元禄 8）年	鳥取藩、幕府へ竹島・松島は領土でないと回答
1696（元禄 9）年	徳川幕府、竹島（鬱陵島）渡海禁止令
1837（天保 8）年	徳川幕府、竹島渡海禁止令
1877（明治 10）年	明治政府太政官指令、竹島は日本と関係ないと通達
1881（明治 14）年	朝鮮政府、日本に鬱陵島渡海禁止を要求
1883（明治 16）年	内務省・司法省、鬱陵島渡航禁止内達
1894（明治 27）年	日清戦争
1900（明治 33）年	大韓帝国勅令 41 号「石島」記述
1904（明治 37）年	日露戦争
	第 1 次日韓協約
1905（明治 38）年	日本閣議で竹島の領土編入決定
	島根県告示 40 号、竹島の管轄決定
	第 2 次日韓協約
1910（明治 43）年	韓国併合
1946（昭和 21）年	GHQ・SCAPIN 第 1033 号、マッカーサー・ライン
1948（所和 23）年	大韓民国建国、朝鮮民主主義人民共和国建国
1952（昭和 27）年	韓国、海洋主権宣言、李承晩ライン設定
	サンフランシスコ条約、竹島に言及なし
1965（昭和 40）年	日韓条約、竹島に言及なし
1995（平成 7）年	韓国、独島（竹島）に埠頭建設
2005（平成 17）年	島根県「竹島の日」条例
2012（平成 24）年	李明博大統領、竹島上陸

第4章　尖閣諸島

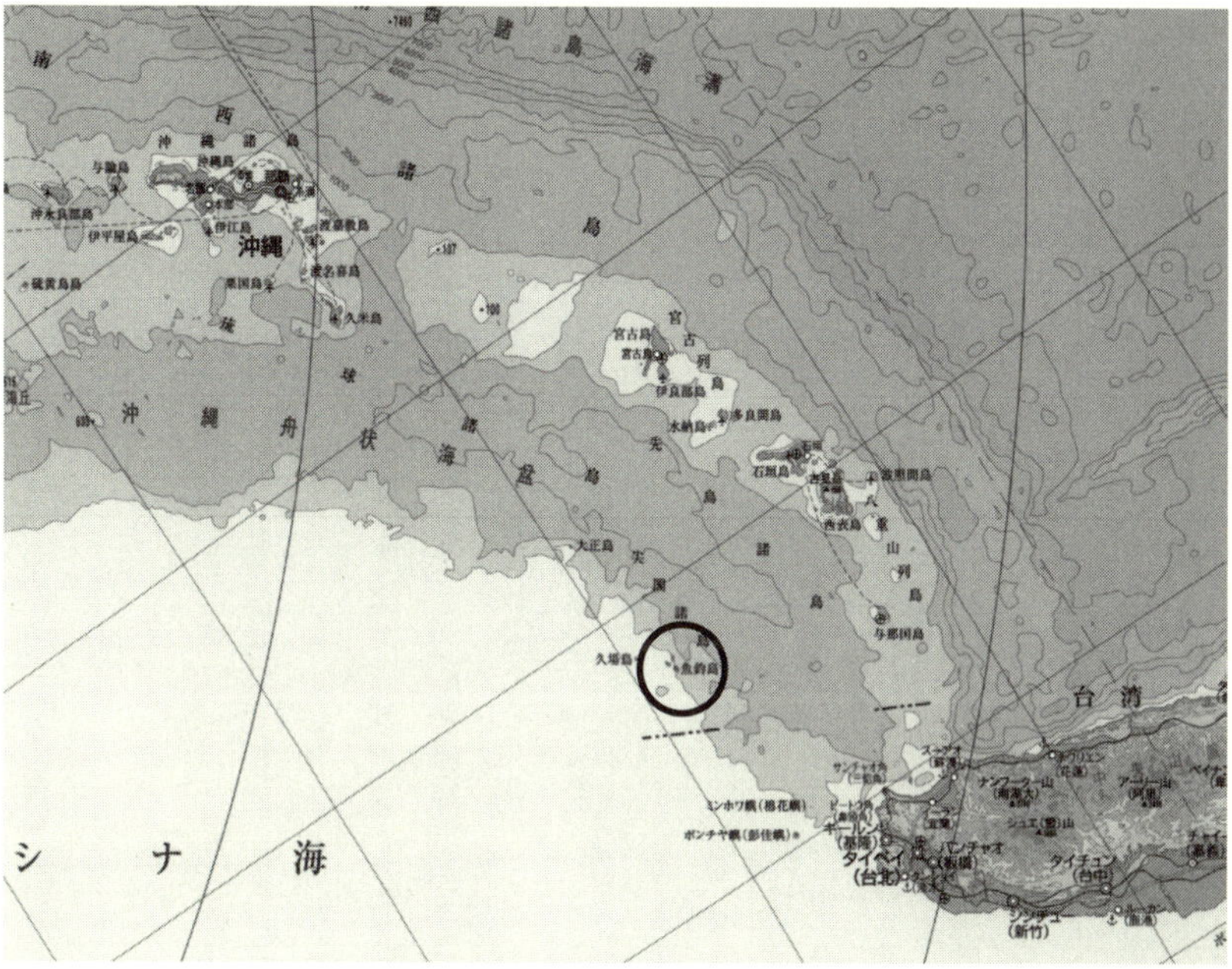

沖縄
宮古島
伊良部島
多良間島
水納島
石垣島
西表島
与那国島
大正島
久場島
魚釣島
尖閣諸島
八重山列島
台湾
タイペイ
(台北)
ミンホワ嶼(棉花嶼)
ポンチヤ嶼(彭佳嶼)
シ　ナ　海

盗人発言

前田　２０１２（平成24）年９月27日、国連総会の一般討論において、中国の楊潔篪外交部長が尖閣諸島問題で日本を盗人呼ばわりする演説をして話題となりました。

木村　私たちの機関紙『レコンキスタ』（４０２号）に発言全文を収録しました。国家を侮辱する発言は大変残念です。私たちは「国連という公の場で我が国を『盗人』呼ばわりした事実は見過ごすわけにはいかない」、「日本は尖閣諸島を領土に組み入れる際にも国際社会に対して手続きを踏んで平和裏に領土とした。チベットやウイグル、モンゴルに満州と、地続きならなんでも我が領土とばかり強引に制圧し、他民族を蹂躙してきた彼らこそが強盗団国家であり、盗人猛々しいとはまさにこのことではないか」と主張しています。

前田　国連での出来事ですから国際ニュースで流れ、アメリカのメディアも呆れていたようですが、日本の反応は意外に鈍い印象です。

木村　本来、このような品位に欠ける表現によって国連という場で侮辱されたことに対して、ただちに撤回を求めるべきでした。ところが、日本政府は適切な抗議をせず、「盗人」呼ばわりに甘んじてしまいました。

前田　マスコミの報道にも驚きました。各紙は、中国が国際的な評価を落とした、と伝えました。それはそうでしょう。しかし、言った中国も評価を落としたが、黙って聞いていた日本はどうなのでしょうか。1998（平成10）年だったと思いますが、当時の国連人権委員会で、ニカラグア政府がキューバ批判を行い、キューバ政府が反論権を行使した際、「ギャングスター」という言葉を使いました。ニカラグア政府は即座に「ギャングスターなどという言葉は政府代表を侮辱するもので許されるべきではない」と抗議し、議長がキューバ政府発言を撤回させました。

木村　国連という国際的な公の場で、自国が侮辱されたと認識すべき発言が他国から出れば、まず一言訂正を求めるのは当然のことです。ところが、日本政府は中国政府に抗議しませんでした。これでは諸外国から「日本は公衆の面前で侮辱されても言い返せない臆病者の国だ」と舐められてしまいます。

前田　同じ1998年の国連人権委員会で、朝鮮（朝鮮民主主義人民共和国）政府が日本軍「慰安婦」問題の発言の際に、日本を「ギャングスター」と呼びました。キューバとニカラグアの件があったので、あえて言ったのでしょう。その時、日本政府代表は何一つ抗議せずに、俯いていました。

木村　相手がどこであろうと、いわれのない不名誉には甘んじないという肝を持つことが、我が国の誇りを守ることであり、誇りなくして国家の主権は保てません。他国を侮辱したり、侮辱されたりということはあってはなりません。

前田　外交部長発言は1943（昭和18）年12月1日のカイロ宣言に「満洲、台湾及澎湖島ノ如キ日本国カ清国人ヨリ盗取シタル一切ノ地域ヲ中華民国ニ返還スルコト」とあるのを念頭に置いているのですが、戦時に敵国に対して用いた表現を、平時の今そのまま用い、しかも何度も繰り返したのは驚きました。「カイロ宣言を想起せよ」とだけ述べるのが穏当なやり方です。

木村　カイロ宣言に「盗取」とあるのは承知していますが、その範囲に尖閣諸島が入るかどうかには争いがあり、一方的に決めつけた発言をするのはいかがなものかと思います。

前田　他方、日本政府が尖閣諸島問題で何をしたかったのかよくわかりません。中国側を刺激して反日暴動を引き起こし、多大の物理的経済的被害を受けました。盗人発言に沈黙して評価を落としました。「領土問題はない」と何度も大声で叫んで、領土問題があることを世界中に大宣伝してしまいました。

木村　その感は否めません。しかし、今回の一連の騒動は魚釣島、北小島、南小島の所有権移転手続きを個人から国に変えたことに対して、中国側から過剰な反応があったわけですが、野田首相（当時）の移転手続きのタイミングが悪く、外交的な不手際があったことがその原因です。

尖閣諸島とは

前田　尖閣諸島は5つの島から成ります。

木村　一番大きい島が魚釣島、その次に北小島、南小島、久場島、大正島という島があって、総面積は6・3平方キロです。多分、東京の日比谷公園の7〜8倍ほどの広さです。一番大きい魚釣島が総面積の約半分、3・6平方キロを占めます。

前田　尖閣諸島がどこにあるのか知らない大臣もいたようですが（笑）。

木村　東シナ海にあります。沖縄の最南端の島は与那国島ですけど、与那国島の東に石垣島があり、石垣島から北に向かって約170キロに尖閣諸島があります。そして与那国島の南に台湾があり、台湾の東北東から約180キロ、そして大陸の中国の福州という町から約370キロ、沖縄本島から南西に見て約410キロです。ちょうど沖縄があって、石垣島や与那国島や、台湾がある。それぞれ170キロ、180キロ、中国からは370キロ。そのくらいの位置にあります。

前田　尖閣諸島が日本領であるという積極的根拠は何ですか。

木村　現在は中国も自分たちの領土であると主張し、台湾も領有権を主張しています。ですから、国際的には「領土問題」なのかと見られてしまうのですけども、完全に実効支配——そこを管理、維持しているのは日本政府であって、魚釣島や北小島や南小島を所有していたのは埼玉県の栗原家だったわけです（後述）。少し前まで所有権はその人が持っていた。また、明治時代より、魚釣島には、多い時で250人の日本人が定住していました。中国、台湾人は、一度も生活領域として住んだことがありません。

前田　ちょうど栗原弘行『尖閣諸島売ります』（廣済堂出版）いう本が出ました。日本政府が買い取って国有化しましたが、その話は後で触れてもらいます。

木村　尖閣諸島は石垣市に属します。石垣市は人口が4万人くらいです。石垣市の行政区域に住所登録がされていますが、これまでは日本政府がこの地域の平和的穏便な維持、機能を管理するために、持ち主の栗原さんに年間2400万円の賃料を払って、日本政府が代行して管理してきました。総務省自治局が管理してきた。さて、なぜ尖閣諸島が日本の領土であるのか。具体的根拠は、まず、この島を最初に見つけたのはそれぞれの古文書に記録がありますが、中国の方も一応、向こう側で言うと釣魚島、日本の方は魚釣島です。釣魚島を最初に見つけたのは1534年頃の明の冊封使（中国の皇帝が属国の国王に対し、その即位を認める文書を与えるために派遣した使者）です。琉球王国に貢ぎ物をとりに行ったり、王様が変わるたびにそれを承認するために、中国から琉球王国に使節が来ていました。冊封使の陳侃（チンカン）という人が文書の中で若干触れています。この魚釣島をすぎて、次の島をすぎると琉球になる、と記録を残しています。ただ、発見したのだけど、そこを開拓したり実効支配したり、生活したことがないというのが、今までの歴史的な状況です。では誰が利用してきたか。誰がそこを開拓して、所有していたかというと、日本の方なのです。福岡県の古賀辰四郎（１８５６〜１９１８年）がアホウドリの羽毛を採取したり、非常に漁場がいいですから、魚が獲れるということで、鰹節工場をつくった。ここに工場を造って、そしてずっと維持していた。ですから、どちらが先に発見したかという問題はあるものの、実効支配をして開拓したのは日本です。

前田　日本人が居住して利用していた時期に中国側から特に異論が出なかったということですね。しかし、中国側は数百年前から釣魚島という呼び名を持っていましたが、日本名がなく、魚釣島と名付けたのは明治時代です。

木村　中国や台湾の政府が公式にこれは自分たちの領土であると主張したのは、昭和45年（１９７０年）以降です。それ以前、領土主張はほとんどしていない。従って、中国側が見つけたり、名前をつけたことはあっても、維持、管理の実効支配をしたのは日本であり、日本人だけが所有していたので、尖閣諸島は日本の領土です。

尖閣諸島国有化問題

前田　琉球冊封使が船で琉球王国に行く時に、尖閣諸島を目印にした。上陸したわけではなく、目印にしていた。しかも、目印にしたのはむしろ案内をした琉球王国の人とも言えるので、これは中国領の決め手には必ずしもならないということですね。次に、埼玉県の栗原さんという方が出ました。石原慎太郎・東京都知事（当時）が、この島を買おうと言って、大きな話題になりました。実際には、栗原家が持っていた部分と、国有地もある。私有地の部分を東京都が買うというのが、当初話題になったことで、現に全国から募金が集まった。ここでいったん国有化問題に触れておきましょう。野田政権による国有化が国際緊張を呼びました。木村さんはどのように見ていますか。

木村　先ほども触れましたが、「東京都に購入されると大変なことになる」と思って、都より国の方が中国が納得してくれると思ったのでしょうが、手続きが悪かった。平成24（2012）9

月9日にウラジオストックで胡錦濤と会った2日後に移転手続きをした。メンツを潰してしまったのです。これが最大の問題でしょう。

尖閣諸島上陸

前田　尖閣諸島について、日本政府は、誰も行ってはいけないという態度です。海上保安庁とか、石垣市職員も職務で定期的にチェックに行ってきた。ところが民間人は行ってはいけない場所にされています。何人ものジャーナリストが沖縄へ行って、船や飛行機をチャーターして行こうとしたのですが、全部断られたそうです。なぜなら海上保安庁から「行ってはいけない」と言われるので、沖縄の業者も尖閣には行かない。事実上一般の日本人は行くことも見ることもできない島です。北方領土には行けるのに、日本政府が行くなと言う。竹島も日本人が70人くらい行っていますが、行かせまいとする。尖閣諸島も同じです。つまり、領土紛争のある三か所すべて、日本政府は「日本人が行ってはいけない」という奇妙な立場を貫いている。ところが尖閣諸島に行ってしまったのが木村さんです。かつて尖閣諸島に上陸した。日本政府の方針に逆らって、勝手に行ってしまったわけです（笑）。

木村　魚釣島に上陸したのは、昭和53（1978）年ですから34年前です。乗ったのは第2共栄丸という船で、100トンくらいの貨物船でした。与那国から行ったのですが、昭和53年8月10日、上陸を果たしました。

前田　なぜ尖閣諸島だったのでしょうか。

木村　昭和53年4月、ちょうど日中条約――日本と中国が条約を締結するにあたって、いろいろ交渉している段階だったのですが、魚釣島の周辺に中国の漁船団が300隻か400隻くらいでやってきた。尖閣諸島は自分たちのものだと主張して囲んだ。当時、大問題になりました。新聞も大慌てで、中国の漁船300隻がやってきたと言って、日本の領海ですから海上保安庁が警備していたのですが、そこを破られて中国の漁船団が海上デモンストレーションをしたのです。海上保安庁も一所懸命、放水するなどしましたが、相手の数が圧倒的に多く、銃撃するとか、領海侵犯した漁船を捕まえるとかはできません。新聞も日本政府も驚いて、どういうふうに事態を収めようかという時に、鄧小平（中国共産党中央委員会副主席、国務院副総理、1904～1997年）が「漁船団は全部引き上げなさい」と言って、一気に皆が引き上げて行った。その時に考えました。ちゃんと領土を守る意思表示をしなくては駄目ではないか。海上保安庁も頑張っているけど、それだけでは駄目ではないかと。日本青年社ですが、「尖閣諸島領有決死隊」を結成して、尖閣諸島を防衛するために上陸して灯台を建てるとか、宿泊施設を建てるとか、旗を立てるとか、そういうことをしようということで行きました。

前田　34年前ということは、まだ21か22歳ですね。

木村　そうです。中国から尖閣諸島を守らなくてはいけない。そのために自分にできることは何だろう。灯台を建てて、ここを維持しようと考えて、先輩たちと行きました。メンバーは8人です。８人で行って灯台を建てましたが、工事の方を３人連れて行きました。ところがここに行くのは凄く大変なのです。ついこのあいだ、平成24（２０１２）年6月9～10日、自民党国会議員３名と民主党国会議員３名が魚釣島周辺で魚釣りをしようと、石垣から漁船で行ったのです。自民党代議士は船に乗って、ちょっと行ったら皆ひっくり返った。何故かというと凄く波が荒いのです。船が上にあがったと思うと、スパーンと落ちる。私の時も凄かったのですね、急に上にあがったと思ったら、スパーンと落ちるので、結構しんどい思いをしました。まだ若かったから、無事に行くことができましたが。

前田　この海域は親潮の流れが速いのと、琉球海溝といって2000メートル級の非常に深い海なので、波が荒いのでしょうか。

木村　それに、サメがいっぱいいいます。凄いですよ。ここに上陸をするのに、もう船は上にあがったり、沈んだりしますから、一気にうまく飛び降りないと上陸できない。周囲にはうようよサメがいますから、やばいなという状況でした。『ジョーズ』（アメリカ映画、スティーブン・スピルバーグ監督、1975年公開）なんて映画が流行りましたけど、まさにサメの脅威、恐怖です。

前田　荒波とサメを乗り越えて上陸成功。

木村　上陸したのは入り江です。ここは今もよく言われていますけど、かつて鰹節工場がつくられた時の唯一の接岸場所、小さな船が接岸できる入り江です。当時の写真を見ると、我々はまるで自衛官みたいな格好をしていたのですけれども、何かあった時は仕方がない。中国の方がもしやってくれば、どういうことになるのかは分からないけれども、ともかく覚悟を決めて、決意を固めて、そういう身なりで行ったわけです。本当に実際、サメだけではないのですよ、この海域というのは。中国船はこなかったですけど、台湾のジャンク船――後ろの背がカッとでているのがあるのですね。それをジャンク船というのですけど、台湾の船は水色なのですね。水色が全部施されていて、後ろにカッとこういうふうに背びれというのですか、あれが長くなっているのですけどね、このジャンク船が結構来ましたね。いっぱい来ました。

前田　海上保安庁は来なかったのですか。

木村　来ました。我々の船を海上保安庁の船が追尾してくるのですが、上陸する時に海上保安庁が「上陸してはいけない」と言っている。我々は小さなボートをおろして、一所懸命漕ぎながら入江に入っていったので、あまり不用意にぶつかってひっくり返ると大変ですから、海上保安庁も適度に阻止はするけど、積極的に最後まで上陸させないというのではない。あまり接近できないためです。だから無事に上陸できたのですけども、本当はいけないわけです。中国の漁船団がいっぱい来て、このまま放置したら本当に大丈夫なのかという危機意識と、ここをなんとか日本領として守るために、行こうと決めて行ったのです。守ろうという決意です。

前田　灯台を建てたということは一日だけではなく、何日も滞在したのですか。

木村　三週間ここにいました。二回上陸していますが、二回とも一回三週間で、合計六週間いました。

前田　無人島ですから、食料や水を持参したわけですね。

木村　何を食べたかというと飯は炊きますが、水がないんです。持ち込んだ水はすぐになくなる。水をどうするかが課題でした。キャンプファイアをしていたわけです。食べたのは、切り干し大根、わかめのスープとか、そんなものです。チョコレートを持って行きました。日持ちするものを持ちこんだのです。水はないので、どうするかというと、上の山からおりてくるのを、発泡スチロールに砂を入れて、一所懸命ろ過してきれいにして、その水を最後に湯沸かし器で沸かして飲む。そうでなければ生活できません。そういう生活をして、灯台を建てました。

前田　右翼・民族派の間では結構有名でした。

木村　今でも石原慎太郎元都知事とか、よく言っていますよ。あのとき右翼の若者が行って灯台を建てたのに、なぜ国はその灯台を国際地図に、海図に載せなかったのかと。多くの方がいつも一番言うところなのですけど、その灯台を建てたのは私たちなのです。なにしろ、現地に行ってここを守らなくてはいけないという危機感、使命感がありました。まあ、冒険心のようなものがなかったとは言いませんが、基本は、中国に取られたらまずいという危機感をもって現地に行ったのです。

前田　かつては鰹節工場があって、人が住んでいたわけですが、１９４０（昭和15）年に無人島になりました。70年以上無人の島でかなり荒れているようです。

木村　台湾から誰かが上陸してきたらまずいということで、自分たちで船の残骸――難破した残骸がありましたので、それを集めて、有刺鉄線を張って防衛するという、戦場マニアックゲームみたいなことをやっていました。鰹節工場の跡地にも行きました。さっきの入り江から登ると、レンガが積んであって跡地とすぐわかります、結構、山肌なんか草が生えていますけど、岩がいっぱいあって、ゴツイところです。

前田　近年、上陸した人は海上保安庁につかまって、石垣警察署に引き渡され、取調べを受けたりするようです。

木村　ところが私たちは捕まらなかったのです。

前田　海上保安庁や沖縄県警からは何もなかったのですか。

木村　事情聴取はありません。海上保安庁も止めたのですけど、上陸してしまったということで、事情聴取も何も受けなかったですね。

前田　法律違反にならないのですか。建造物ではないので不法侵入にはならないのでしょうか。

木村　たまたま所有権者の栗原家とつきあいがあった人がいました。その人は私たちが上陸するとお知らせしていた。だから一応、持ち主から訴えられなかった（笑）。尖閣諸島に上陸できたことは私にとっては非常に貴重な体験でした。そうそう尖閣に上陸したという人はいないです。

井上清と林子平

前田　はい、尖閣諸島上陸体験を伺いました。さて、領土問題ですが、井上清（歴史家、京都大学名誉教授、１９１３～２００１年）という高名な歴史学者がいます。井上清は、尖閣諸島は中国領であり、日本帝国主義が侵略したのだという言い方をしています。中国側も良く知っていて、よく井上清の本が引用されます。

木村　井上清は『尖閣列島　釣魚諸島の史的解明』という本も出しています。確かに、その指摘というのは、帝国主義史観にのっとると、日本が中国を侵略した過程で尖閣諸島を奪ったのだという話です。それはありうると思うのです。帝国主義国は、対外的に進出して、領土を拡大することがよくあり、日本もその一つだったというのは、歴史の一時期についてはその通りだと思います。ただ、この本を読みましたけど、歴史をイデオロギー的な立場で裁断しすぎていて、客観的に書いていない印象が否めません。井上清は中国のシンパであって、毛沢東思想に立っておられる。毛沢東を非常に尊敬している立場の方です。毛沢東思想学院の講師もやっていました。中国側の意見を、非常にシンパシーを持って書いていたという気がします。資料文献の翻訳も「確実なものではない」という人もいます。

前田　もっと遡ると江戸時代を代表する学者の林子平の『三国通覧図説』の付図も、やはりここは中国の領土と認識しています。

木村　林子平は地図の中で色を塗っているのですけど、中国、台湾、日本、琉球を色で区別していたと読めます。中国の色と日本の色は違いますが、琉球の色も違います。尖閣諸島の色が琉球と違っていたのでしょうか。

前田　九州は緑色、琉球は黄色、中国はピンクです。台湾は黄色ですが、琉球とは異なって、黄土色と言った具合ですね。

木村　それで尖閣諸島がピンクになっている。だけど実際、林子平も琉球へ行ったわけではないし、江戸から遠い沖縄のことにも全部に通じていて、それを理解していたかは分かりません。台湾の黄文雄氏などは、「古い文献を60冊ぐらい見たが、中国の領土と断定できず拡大解釈が甚だしい。『順風相送』『使琉球録』も根拠にはならない」と語っています。

日清戦争と領土問題

前田　尖閣は中国領だという見解の人は林子平と井上清を引用します。中国側から見ると、日清戦争で中国が負けて、どさくさまぎれに日本が尖閣諸島を日本領にした。これは竹島と似ているのですけど、中国側は、戦争に負けて発言権のない時に日本に取られた、と見ている。

木村　日清戦争前の段階で、明治17（1885）年ですね。明治維新政府になってから、あの島は誰が管理しているのかということで、先ほどの古賀辰四郎とかですね、日本政府に領有を明確にしてくれという陳情を出した。その時、中国側に発言権がまだあった時にも、あまり尖閣問題には言及していない。例えば明治の頃、日清戦争の前には、清の北洋艦隊なんかの船が、鎮遠とか定遠とか、大きな艦隊が猛威を振るっていた時にも、尖閣のことには言及をしていないようです。清国王朝というのは満州出身です。内陸的で、満州の国から出てきていますから、さほど海に対する感情というのがなくて、例えばウイグルとかチベットとか、内陸方面を統治することに力を入れていた感じかと思います。

前田　中国史における内陸志向と海洋志向の変遷ですね。

木村　日清戦争は朝鮮の独立をめぐって、日本と清国が戦ったのです。日清戦争の理由は朝鮮独立問題で、これが一番の重要なテーマだった。やはり朝鮮や内陸問題に関して動いていた。尖閣に関しては積極的に言及していないと思います。結果的に戦争に日本が勝利したので、台湾と澎湖島も、日清戦争の結果、日本が管理することになった。だから、尖閣諸島というよりも澎湖島、台湾までを領有・管理。「戦利品として尖閣も入れてしまえ」という経緯ではありません。講和条約第1条は朝鮮の独立を認めるということだった。

前田　となると、台湾から「台湾と尖閣諸島は一緒に日本領にされた。だからもともと台湾領なのだ」という見解が出てくると思うのですが。

木村　一緒ではありません。尖閣は尖閣で、台湾と一緒ではなく、もとから日本領です。この件で台湾領ということにはなりません。

前田　もとから日本領だということですが、日本政府は、尖閣諸島は日本であると1895（明治28）年に決めて、その時に国標を建てると決めています。このことを今持ち出して「だから日本領なのだ」と主張する方がいますが、国標を建てると決めたのは秘密決定で、国際的には公表していません。しかも、実際には国標を建てませんでした。

木村 最終的には昭和44（1969）年、石垣市が尖閣諸島に標識を設置しました。昭和20（1945）年に、台湾に疎開する船が米軍の攻撃を受けて、かなりの方が亡くなりました。その慰霊碑を後ろに建てたと思います。それ以前に国標を建てなかったというのは、どうですかね、おそらく国標を建ててくれという要求は住民の方からもありましたよね。

前田 当時は沖縄県知事もそういう発言をしていました。1890（明治23）年及び1893（明治26）年に、沖縄県知事が国標建設の件を上申しています。日清戦争をはさんで、1895（明治28）年1月14日に閣議で国標を認めることを決定し、沖縄県知事へ指示を出した。ところがその後、沖縄県が建てていない。

木村 沖縄県が建てていないのですか。当時の沖縄県知事は。

前田 東京から派遣された内務省の官僚です。

木村　沖縄県の人から見るとまだその時点では、日本国の一員であるけれども、そこまで動きづらいということがあったのではないでしょうか。

前田　琉球王国を潰して日本の沖縄県にした琉球処分から間もない。その意味では沖縄も日本に入ったばかりの時期であった訳です。この点は琉球処分とは何か、あるいは琉球独立論など、重要なテーマですが、後で少し触れてもらいます。国標については「国標を建てることに決めて、現に石垣市が国標を建てた」と主張している人がいますが、その間に70年もの歳月が流れています。当時は「沖縄返還」前です。しかも、日本国ではなく、石垣市が建てています。「決定」に基づいて建てたとはおよそ理解できません。その点では、東シナ海の石油や天然ガスが話題になったので、石垣市が標識を設置したと解釈した方が事実に即している。

木村　そういう面もあります。石垣市が建てたのはそういうことだと思うのですが、これは中国も台湾もそうです。皆この時期に言い始めたのですね。

前田　日本側は「資源があると分かったから中国が領土主張を始めた」と非難していますが、日本も資源があるから主張しているので、天に唾をするようなものです。

木村　国連のアジア太平洋経済社会委員会が尖閣諸島周辺にはすごい埋蔵量の石油があると言い始めてから、資源獲得のために主張を強化したというのが事実ではないかと思うのです。資源は、やはり主権にとって重要です。明治時代に沖縄県知事が国に対して国標を建ててくれと言ったのは、資源というよりも、沖縄が日本の一員になって、沖縄の方々の気持ちがあったのではないかと思うのです。それに、中華民国政府は、中国漁民が遭難して、尖閣に漂着し助かった際に、日本の領土内と認めて感謝状を送っています。

琉球人民の生活圏

前田　尖閣諸島は古くから琉球王国の漁民が利用していたものです。従来あまり指摘されていないのですが、近年の沖縄における研究を見ると、古くから琉球の漁民が利用してきたことが明らかです。琉球民族は尖閣諸島を「ユクン・クバシマ」と呼んでいました。八重山などの先島諸島の言葉では「イーグン・クバシマ」です。クバというのはビロウのことです。琉球ではクバを船の帆、扇、傘などさまざまに使っていました。古賀辰四郎が尖閣に行く以前です。そういうことが近年は知られてきて、沖縄の歴史学の人たちも尖閣諸島はもともと琉球王国の領土であると認識していると思います。琉球王国の領土、元々沖縄の人たちのものではないでしょうか。

木村　歴史的にそういうこともあると思います。琉球処分の問題も出てきます。琉球が日本の沖縄県として日本国民の一員となり、日本に帰属している以上は、北方領土のアイヌと同じです。ですから、日本の領土であることの証拠と言えます。

前田　琉球処分は侵略ですよね。1600年頃から、200数十年間にわたって琉球王国という国があった。独立国であると同時に江戸時代の島津藩に朝貢をする、同時に中国の明や清という歴代王朝にも朝貢する。日本側の今の言い方をすると「両方に属していた」。琉球王国は島津藩にも属し、中国にも属していた。この間、中国からの冊封使は琉球に10回ほど来ていますが、逆に琉球から中国への進貢船などの使者は281回も訪問しています。当然、尖閣諸島を目印にしていました。中国との関係では華夷秩序に組み込まれていた。そういう形の一つの独立国です。琉球王国は日本と同じレベルの独立国でした。日本が江戸時代末期に欧米各国と条約を結んだように、琉球王国も条約を結んでいた。つまり、華夷秩序とは別に、近代法世界で欧米諸国も琉球王国を一つの国家であるとみなして、条約を結んだ。ところが、日本が琉球王国を潰して、日本に組み入れた。

木村　琉球処分をどう見るかで、見解が変わります。私は、新しく日本民族の一員になったと理解します。民族が違うにしても国家の一員になっていく中で、統一されていく中における歴史的出来事です。琉球の方から言っても、中国に対しては形式的な帰属であって、薩摩藩に対してには形式的ではない帰属をしていた。こういう歴史的事実がありますけれども、沖縄の方々が日本に対する帰属が良かったのか、悪かったのかといった時に、沖縄にもいろいろな考え方があります。しかし、多くの人が日本に対する帰属が良かったと感じている。それは否定できないはずです。中国に帰属した方が良いという人は少ない。沖縄は独立国として維持できるかというと、そういう考え方をする人は少数です。やはり日本に帰属したのが一番良いという考えの人が多い。『沖縄タイムズ』とか『琉球新報』の世論調査でも当然、日本人、日本になって良かったと感じていらっしゃる方が多数派です。

米軍基地と沖縄独立論

前田　1972（昭和47）年の沖縄返還時、あるいはその後も、例えば1995（平成7）年の沖縄少女暴行事件とか、沖縄政権下での米軍基地問題とか、2012年のオスプレイ問題が出てきて、いろいろな形で米軍基地問題等に注目が集まる度に、「日本が沖縄を差別する。こんなことなら沖縄は独立したい」。そういう議論が必ず蘇ってきます。今後再び、沖縄独立論は正面から議論されていくように思います。

木村　本当に沖縄は独立したい、琉球共和国をつくりたいという意見――この現状のままでしたら、そういう意見が出てもいたしかたない。何故かというと、あれだけ米軍基地を圧倒的に沖縄に負担させていることも大問題ですし、さらには日米地位協定がこんなに屈辱的で、日本にとってこれほど恥ずかしいものはない。日米地位協定というのは、結んでいても日本人を守れない、沖縄の人も守れないし、日本人全体も守れないような米軍優位の協定です。殺されようが、強姦されようが、殴られようが、相手を裁けないという屈辱を早く改めなくてはならない。横田基地や横須賀基地もありますが、沖縄に圧倒的に多いわけです。これをこのまま放置しておくのは、私は許せない。日本政府はしっかりしろと言いたい。それを一番身近に感じている沖縄の方々がこれほどずっと放置されていて、今はよく耐えていらっしゃると思うのですが、だからこそ、独立したいという気持ちは、分かります。しかし、独立したいという気持ちは分かるけれど、重要なのは日本国の一員として負担を軽減したり、地位協定の不当な差別をやめさせることです。オスプレイという「ヘリコプター」が普天間基地に平成24（２０１２）年8月中旬に導入されたのですが、ヘリコプターというけれど、実際はヘリコプターなのか輸送機なのか分からない。飛行機とヘリコプターを性能上一緒にし、機能を共有できるようにつくったのがオスプレイ。各地で墜落してばかりいる。試作段階から事故が起きたり、ついこの間はフロリダで落ちて米軍兵士5人が負傷した。重傷なのか軽傷なのかはわかりませんけど、負傷したという情報しか出しません。

前田　２０１２年4月にはモロッコで落ちました。

木村　沖縄の人々は、宜野湾市長主催のオスプレイを配備させないという集会に5千人規模で結集しました。配備の時も、大勢の沖縄の方が体を張って抗議しました。当たり前ですよ。しょっちゅう落ちている。機能的に飛行機とヘリコプターを共有する構造は無理に決まっているのを、わざわざやっている。危ないのに、日本政府が大丈夫だと言って、今回民間人から防衛大臣になった方も「大丈夫です。もう予定で決まってしまっているから、配備しなくてはいけないのだ」と言っています。本当に情けない。

前田　安全性の判断を自分ではやらない。そのくせ無責任に「安全だ」と言い放つ。自国民の上に落ちると思えば、そんなことは口が裂けても言えないはずです。沖縄差別の典型です。

木村　私は、オスプレイの日本配備には反対です。なぜならば、構造上の危なさはもちろん、我が国の防衛装備の国産化を阻む要因になるからです。また、通常のヘリと違って「航続距離が延びた」「輸送人員の増加が見込まれる」などと性能の高さを強調していますが、墜落事故が多いことは我が国の国民の日常生活を危険にさらすことに他ならない。日本政府は日本国民の生命、財産、安全を守るべきだが、依然として安保条約の従属構造を受け入れた植民地的状況は、無主権国家の有様です。これは、一つの現象にとどまらず、戦後日本の置かれている根本的問題を示しているといえます。いずれオスプレイは日本の自衛隊にも売却されてくることは間違いありません。それはＦＭＳ（対外有償軍事援助）の規定によって実行されるからです。実はこんなことがありました。海上自衛隊のＭＨ53Ｅ（米シコルスキー社、エンジンは米ＧＥ社製）は、１９８９年11月から１９９４年までに11機が引き渡されました。しかし、ライセンス生産ではなく完成品輸入だったため、予備パーツを日本国内で生産することができず、その都度アメリカから注文していたのです。ところが、部品の納期は遅れ、稼働率は40パーセントを割り込んでいました。また航空自衛隊Ｆ２支援戦闘機は、三菱重工と米ロッキード社との共同開発であったため、「国産技術を盗まれる」「高額で買わされる」などの問題が起きたことも有名です。防衛装備をアメリカの意を受けて調達したところで、稼働率は低下し、3～4倍の高値を吹っ掛けられて買わされ「日米安保条約があるから仕方ない」では済まされないと思います。そもそも、自分の国は自分で守るという気概なく安保に頼っても無意味です。経済大国ともてはやされていますが、その実態は商人国家となってアメリカに貢物を提出している去勢国家にすぎない。左翼やいわゆる市民がオスプレイ導入に反対するからといって、反対の反対を叫ぶのは愚の骨頂だと思っています。まさに戦後日本の構造を一局面で示すオスプレイ配備を、愛国的立場から戦略的に反対すべきなのです。

前田　私もオスプレイ配備には反対です。第一の理由は沖縄差別だからです。第二に、植民地的とさえ言えるアメリカによる日本支配が強化されるからです。日本政府はアメリカの言いなりになることしか考えていないように見えます。第三に、東アジアの軍事的緊張を激化させます。必要なのは、東アジアにおける軍事的緊張を緩和し、対話を積み重ねることです。そもそも、憲法9条と憲法前文の平和的生存権こそ、東アジアの平和の鍵です。東アジアに生きる諸民族の友好と平和と安全を促進するために、民衆の立場から、軍国主義と軍備強化に反対するべきです。9条を実現することなくして東アジアに平和は訪れません。9条の精神を世界に広げ、日本だけではなく各国の憲法に9条と同様の規定をつくろうという運動を強化する必要があります。現に国連人権理事会では近年、「平和への権利国連宣言」をつくる努力が続けられています。これを妨害しているのがアメリカと日本です。今回のオスプレイ配備は、沖縄国際大学ヘリ墜落事件を思い起こさせます。

木村　平成16（2004）年でしたか、沖縄国際大学に米軍ヘリコプターが落ちました。大学構内にヘリコプターが落ちた。幸いにも誰も学生には怪我はなくて、犠牲者は出なくてすんだのですが、まさに危機一髪です。そんなことで命が失われたらどう思いますか。しかも、ヘリコプターが沖縄国際大学に落ちて、事故の現場検証するのは誰か。米軍です。沖縄国際大学は日本の主権下にある。日本の土地です。最初に日本の警察官が行って、事故の調査をしなくてはいけない。ところが、何か事故があった時に日本の警察がそこに行っても何もできない。

前田　「治外法権」ですね。

木村　米軍が、今日はちょっとビール飲んで、リラックスしたいと言って沖縄の国道を車で走って人を轢いてしまった場合、私はまだ公務中ですよというと、轢かれた人は命を落としても、日本の警察は犯人を捕まえることができない。公務中ということで逃げられてしまうことがある。ヘリコプターが落ちた時も、沖縄国際大学に警察が行ったにもかかわらず、警察官は向こうに行って、米軍が来るまでの交通整理をしてくださいということなのです。もし、オスプレイが沖縄県庁や沖縄県警のビルに落ちたら、誰が現場検証するのでしょう。元々警察に検証能力がないのに加えて、沖縄県庁にまた米軍が乗り込んできて検証するというのでしょうか。私はアメリカに対して厳しく批判をする一人の人間として、もうこれ以上沖縄に米軍基地の負担をかけさせられないし、オスプレイ配備のような、わけのわからないことを日本政府が言うのならば、沖縄の独立を認めざるをえません。日米地位協定を全部改定し、アメリカ軍の横暴が罷り通らないように、対等以上に、アメリカ軍を制限できるようにするのか、さもなければ沖縄に独立を認めざるを得ません。現実に沖縄の人が独立を選択するかどうかは分かりませんが、それぐらいの気持ちを彼らが持っていることを、しっかりと受け止めなくてはなりません。

前田　領土問題から日米安保条約問題に入ってきているのですが、北方領土にしても竹島にしても尖閣諸島にしても、日本の領土問題は必ず背景にアメリカという存在があります。尖閣諸島となると、日本と中国という関係、必然的にそこにアメリカ——沖縄に駐留している米軍という問題があります。さて、沖縄はかつて「非武の島」でした。琉球王国は長年にわたって軍隊を持っていなかった。議論でものを決める国だった。それゆえに日本が潰してしまった残念な歴史があるのですけれども、非武の島、軍隊を持たない琉球王国だった沖縄ですから、いまでも沖縄民衆思想の中には戦争反対、不戦主義が強く、「命《ぬち》どぅ宝（命こそ宝である）」という言葉があり、反戦平和運動のスローガンとして用いられてきました。そういう民衆思想が息づいている沖縄に、残念ながら東アジア地域の軍事センターがつくられている。

木村　残念です。日本国も、戦前の日本も沖縄地上戦でかなりのことを沖縄の人に強いて、大変な苦労をさせてしまいました。沖縄を死守するということで、日本の軍人も多く行って、最後の海軍壕の中に大田中将が沖縄守備隊で行った時に、「沖縄県民かく戦えり。県民に対し後世特別の御高配を賜らんことを」と書いたわけです。悲惨な戦争が行われた地域であり、やはりそれを教訓として特別の御高配をと、命をかけて戦った人の最期の悲痛の叫びとして、その願いをなんとかしていかなくてはいけない。にも関わらず、未だに米軍基地を置き、負担を強いているのは疑問です。左翼史観から見て言うのではなく、沖縄の人は大東亜戦争をともに戦ってくれて、命を落とした大変な犠牲があったわけですから、この犠牲を何にも考えないで、負担を押し付けて米軍を置いているのは、私は心情的にどうも納得いきません。

前田　左翼史観というのは、日本による沖縄差別、とりわけ日本軍による県民殺害や、集団死（集団自決）強要を強調する歴史認識に対する批判ですね。

木村　いろいろな歴史の中で、尖閣問題も、琉球処分問題もあるけれども、やはり近代というものを考えていくと、国家の生い立ちがあって、国家形成と統一があって、国民になっていくのが近代国民国家の歴史作用です。日本と沖縄も国民国家形成の過程で、不幸な事態が起きてしまったことを忘れてはいけない。

前田　忘れよう、忘れさせようとしてきたのが歴代政権であり、保守派であり、民族派ではないでしょうか。

木村　そうではありません。例えば中国でも、清が内陸部で力でやってきたわけです。よく言われるチベットですが、今の中国政府は移住政策をとり、チベット人たちをどんどん漢民族に同化させることもやっています。新疆ウイグルなんか、ウイグル族の独立を否定して、漢民族に同化させていく。これもその国家が形成していく時の流れの一つであって、国家が立ち上がる時の出来事です。必ずしも、これは日本だけではありません。左翼史観だと、あたかも問題なのは日本だけで、「日本は何なのだ」と自虐的になってしまう。容認する訳ではありませんが、国家形成過程の中では、日本だけではなく、中国でも、チベットやウイグルのように同質の問題が生じている。

前田　中国の複雑な歴史と民族構成はなかなか整理できていません。

木村　ちょうど昭和55（1980）年あたり、中国は武力を行使したわけです。ベトナムに対して戦争を行いました。日本の場合には戦争に負けて、原爆を落とされて、昭和20（1945）年8月15日に負けて、それから67年経って、戦争できるような国でもないし、領土を守るのに四苦八苦しているし、竹島も取られてしまった。じゃあどうかと言った時に、中国の場合には国家形成期が現在進行形で来ていますから、非常に過渡期であって、昭和54（1979）年2月17日から3月16日までの1ヶ月間ベトナムに対して「懲罰」と称して軍隊派遣して戦争をしています。鄧小平ですよね。同じ頃に中国の漁船団が尖閣諸島にやって来たから、中国という国家を冷静に認識しておく必要があります。あえていうならば、そういう問題を井上清が今も し生きていたら、どう考えるかなと思います。日本の問題で言えば、沖縄の負担を軽減するために、私たちもなんとかしなくてはならないと思います。

前田　日本やアメリカが勝手に何度も「琉球処分」を強行してきました。沖縄独立論ということで言えば、沖縄から「日本処分」をする可能性を検討することも必要でしょう。沖縄の若手研究者や平和運動家の中には、日本による植民地主義を厳しく批判して、自治や独立を探る意見が目立ち始めています。

木村　でも、どうでしょう。沖縄サイドから「日本処分」をするよりも、私は沖縄に存在する米軍基地の撤去を徹底させることで、沖縄が明確に日本の一地域として、本土とともに自主独立を果たしていけるように連帯行動を取りたいですね。

今後の議論に向けて

前田　近年、中国の潜水艦が沖縄周辺海域の海底を通って太平洋に出て行くことが行われています。海上保安庁やメディアが大騒ぎをしています。中国の漁船問題もありますけれども、そういう形で常に尖閣諸島をめぐって日中の対立が非常に先鋭化して、感情的な対立が生まれています。

木村　尖閣諸島は日本の領土だという前提にたって、日中間で二つのことをやって危機回避ができるのではないかと考えています。第一は、日中漁業協定があります。昭和50年代に日中国交回復をした後に、漁業協定が結ばれるのですが、その漁業協定をもう一度再編することです。かつての漁業協定時は中国の漁船がごく少なかった。当時の中国は経済発展していませんでした。かつて仮に5千隻くらいの船があったとしたら、今は3万に増えているという話です。中国人もエビを食べたり、魚を食べたり、生活が豊かに、多様になっています。そして当時は沿岸海域にしか漁船が行けなかったのが、沖縄近海に行けるようになり、遠洋漁業になった。これが3万隻になっているわけですね。今までの日中漁業協定はあの地域が、北緯27度以北、北緯28度以南とかなんとか、これに入るのです。日中漁業協定は水域を4つに分けていて、真ん中が暫定水域、互いに入って漁業ができる場所です。こちらが日本、中国側は中国、台湾側は台湾ってなっていましたけれども、中国の漁船が日本領海に入って魚を捕っていて不法操業をやっていれば、海上保安庁は中国の漁業監視船に電話して中国の船を取り締まることになっています。日本の船が中国領海に入って魚を捕った場合には、中国が日本の海上保安庁に電話して、海上保安庁が日本船を取り締まる。相互の自国船籍取り締まりの約束事があった。ところが平成22（２０１０）年の中国漁船は海上保安庁船にぶつかってきたために、ああいう対応をせざるを得なかった。お互いの自国船籍違法取り締まりのシステムをもう一度見直す必要がある。５千隻しかなかった時の漁業協定ではもう合いません。小学生が中学生になったのに、それまでの服を着るような協定です。中学生になったら中学生になった時の漁業協定を結んでいくことが必要です。その様な対応が必要であると同時に、領海を相手側が侵犯すれば不法入国で摘発しなければならない。ここは、しっかりと押さえておきたいところです。

前田　古い協定を現状に即した形で見直すわけですね。

木村　第二は、中国軍潜水艦が沖縄本島と宮古島の間を通りますけど、やはり日中の危機回避システムを、中国軍と自衛隊との間につくらないといけません。南シナ海の南沙諸島、西沙諸島問題で、中国は軍人が非常に強い立場になっています。中国も経済力が成長してきて、アメリカとも緊張関係がありますから、軍人がすごく勢いが良くなって、南沙諸島、西沙諸島問題で一発フィリピンを脅かすかなんていうことを不用意に言う軍人がいるぐらいです。こういう状況が実際ありますから、危機回避システムを日本はつくっておかなくてはいけない。日本だけではなく、フィリピンも入れた東南アジア諸国の中で危機管理、危機回避システムを構築しなくてはならない。それを前提として、中国側に対する注文なんですが、中国はしきりに「尖閣は中国の核心的利益」と主張していますが、この様な発言は慎むべきです。

前田　南沙諸島、西沙諸島というのは、南シナ海にある小さな島々で、ベトナム、フィリピン、マレーシア等がそれぞれ領土主張していますが、そこに中国ものりこんで、中国領だということで、近年ますます激しい争いになっている困った事態です。中国の姿勢が、議論ではなくて力で取る方向に向かうのではないかと危惧されています。南シナ海では困った問題が起きているわけで、東シナ海の尖閣諸島問題も並行して考える必要があります。日中関係の中で危機回避システムをつくると言っても、現実問題としては駐沖米軍がいますので、どうしても米中関係とその下における日米、日中の関係という大きな話になってしまいます。普天間基地問題で鳩山民主党政権の迷走もその間で動いていたわけです。

木村　基本的には日本がしっかりすることです。鳩山由紀夫元首相（第93代首相、１９４７年〜）も「少なくとも米軍基地は県外」と言って、国外は無理かもしれないけど、県外と言ったわけですから途中で逃げないで、最後まで頑張ってほしかったですね。

前田　首相として最後まで頑張り、アメリカに抵抗するということでしょうか。

木村　ぶっ潰されるかもわかりませんけれど、それぐらいやらないと何も変わらない。どうしても対米従属――日本が事実上アメリカの植民地であるという現状は変わらない。何とかしなくてはならない。そうかと思うと、この間の中国大使館の李春光という一等書記官がスパイだったという話があります。報道では中国大使館のスパイだというけれども、あんな人はスパイではありません。本当にスパイだったらもう少し巧妙にしっぽをつかまれないようにしています。

前田　よくわからない報道でした。

木村　なぜスパイにされてしまったのか。裏には大きな米中問題があるのではないか。日本は全然報道しません。実際に中国公安部副大臣の警備員がアメリカ・スパイのハニートラップに引っかかって、3年間中国高官の機密をアメリカに流していた。これが平成24（2012）年1月に香港で発覚した。大問題になって香港で報じられています。日本では全然報じていません。その背景に何があるか。一つはイラン問題です。イラン問題で日本はアメリカに従って石油を買うのをやめた。本当は堂々と買っていいわけです。しかし、イランがミサイルでホルムズ海峡を封鎖するかもしれない。イランとイスラエルが、今度はイスラエルとアラブがといった話になって、その内、いつのまにかホルムズ海峡危機なんかどこかに飛んでいってしまった。ホルムズ海峡が封鎖されたら大変だと言っていたのはどうなったのでしょうか。実際、日本はアメリカから「石油を買うのはイランの支援になるからやめなさい」と言われてやめた。では、イランの石油をどこが買うかというと、中国です。中国は何をしたかというと、石油の国際取引はドル決済です。誰が石油を買ってもドルが使われるからアメリカが優位な仕組みになっている。システムとしてドル基軸にしている。ところが中国は中国貨幣の元の決済取引きをしようとしている。自国のお金です。となるとアメリカの優位が損なわれる。アメリカは今もアフガニスタンとイラクに派兵しているが、シリアまではできない。戦費予算がなくて大変です。そうなると、中国は国際的な影響力行使を狙う。上海ファイブなど、ロシアと共同して影響力を高めている、疑心暗鬼になっているわけです。その一方で、アメリカは中国に経済面で頼っている。さらに、中国は世界で一番ドルを持っている。米国債を保有している。これを一気に売りに出したらドルは下落する。それで、しのぎを削っている状況なんです。

前田　李春光というのは何者だったのでしょう。

木村　あの人は元々外交官ではありません。福島大学で日本語を勉強して、農業に従事して、日本語がうまいから社会科学院という研究所に入り、推薦されて、中国の外交官資格を持った人物です。外交官のキャリアではない。奥さんが化粧品会社をやっていて、そこでアルバイトをやってお金をもらっていた。外交官の身分が一応あるけれど、アルバイトをしていた人です。そんな人物を、大きく「スパイだ、日本も危ないぞ」とマスコミは報道している。その辺はしっかりとリテラシーを持って報道を見る必要があります。

前田　つい眼先の話に関心を奪われがちです。

木村　マスコミ報道を疑う必要がありますね。バランスを持ってもらいたい。中国に対して尖閣諸島問題では日本の領土なのだとはっきりと主張しなければならない。しかし一方で、こういう真贋定かならぬスパイ小説もどきの話は、徹底的に批判しなければならないでしょう。

前田　栗原弘行『尖閣諸島売ります』は、魚釣島の居住可能性などを検討して、1日100人宿泊がせいぜいであり、観光産業は成り立たないとしたうえで、電気も水道施設もつくらず、「人間が地球の上で自然の厳しさと闘いながら、共に協力し合って生きてきたことを感じてもらえるような世界で最も過酷なキャンプ場」にして、「文明の機器に囲まれた生活をしている若者達に、尖閣キャンプ場で数日寝泊まりしてもらう」という提案をしています。キャンプファイアの先輩としては、いかがでしょうか。

木村　栗原氏の提案は、おもしろいと思います。サバイバル空間を作るということでしょう。若者たちが日本の領土に上陸してキャンプで過ごすというのは、「戸塚ヨットスクール」の尖閣体験のようなものですね。先述しましたが、尖閣・魚釣島には、明治時代から日本人だけが定住して生活をしてきました。この事実は重いでしょう。したがって私は、固有の領土ならぬ既有の領土であると主張しています。

前田　同書のあとがきでは、「尖閣諸島は澄み切った沖縄の海の中でも、最も美しい海だと私は思っています。この島々を舞台に国境を挟んだ地域の人々が憎しみ合い、いがみ合っている」と嘆き、「いまこそこの島が包蔵しているポテンシャルを、地域の平和と安定のために有効活用されることを」願うと表明しています。

木村　旧地権者として、そういうことしか言えないでしょうね。すでに争いごとの当事者でなくなっていますから、ある意味で呑気なものですよ。だいたいあの島の購入金は高すぎましたね。国に寄付するぐらいの姿勢がないとだめですよ。栗原家にしてみれば、借金がけっこうあったから助かったはずです。「尖閣諸島売ります」でなく、「国に譲渡します」でしょう。

〈参考文献〉

井上清『「尖閣」列島　釣魚諸島の史的解明』（第三書館、1996年〔新版2012年〕現代評論社、1972年）は、古典的著作と言えよう。尖閣諸島領有が日本帝国主義の対外膨張の一環であったとし、中国領説の拠点となっている。インターネット上でも要旨が紹介され、中国側の論者も本書をもとに中国領説を展開している。ただし、研究の浅い段階での著作のため、現在では説得力に欠けると言わざるを得ない。

浦野起央『尖閣諸島・琉球・中国　日中国際関係史 分析・資料・文献』増補版（三和書籍、2005年）は、日本領説の論者による基本資料集である。浦野起央・劉甦朝・植栄辺吉『釣魚台群島（尖閣諸島）問題　研究資料匯編』（刀水書房、2001年）も多くの資料を収録している。

岡田充『尖閣諸島問題　領土ナショナリズムの魔力』（蒼蒼社、2012年）は、尖閣諸島をめぐる紛争を、日本、中国、台湾の国際関係史の中で読み解き、「領土ナショナリズム」が議論を紛糾させていることを明らかにする。現在、もっとも重要な必読文献であろう。

栗原弘行『尖閣諸島売ります』（廣済堂出版、2012年）は、尖閣諸島の地権者であった一族の立場を説明した著作であり、尖閣諸島を自然体験キャンプ場などとして若者の訪れる場所にすることを提案する。

尖閣諸島は琉球の漁民の生活圏であった。この点、緑間栄『尖閣列島』（おきなわ文庫、1984年）、原田禹雄『尖閣諸島――冊封琉球使録を読む』（榕樹書林、2006年）、『尖閣研究　高良学術調査団資料集』（上下巻、尖閣諸島文献資料編纂会、2008年）が重要である。

最近の沖縄に関連する注目文献として、野村浩也『無意識の植民地主義』（お茶の水書房、2005年）、知念ウシ『ウシがゆく　植民地を探検し、私をさがす旅』（沖縄タイムズ社、2010年）、知念ウシ・與儀秀武・後田多敦・桃原一彦『闘争する境界　復帰後世代の沖縄からの報告』（未来社、2012年）、松島泰勝『琉球独立への道　植民地主義に抗う琉球ナショナリズム』（法律文化社、2012年）がある。

その他、村田忠禧『尖閣列島・釣魚島問題をどう見るか　試される二十一世紀に生きるわれわれの英知』（日本僑報社、2004年）、孫崎享編『検証　尖閣問題』（岩波書店、2012年）、豊下楢彦『「尖閣問題」とは何か』（岩波現代文庫、2012年）、中山義隆『中国が耳をふさぐ尖閣諸島の不都合な真実』（ワニブックス新書、2012年）もある。

〈年表〉

1429（永享 1）年	琉球国成立
1609（慶長 14）年	薩摩藩、琉球侵略
1859（安政 6）年	美里間切役人、魚釣島等調査
1872（明治 5）年	琉球藩成立
1879（明治 12）年	琉球藩廃止（琉球処分）
1884（明治 17）年	古賀辰四郎、開拓許可を沖縄県に申請
1885（明治 18）年	山県有朋内務卿、国標建設を太政大臣に上申
1885（明治 18）年	日本政府、沖縄県に国標建設不要と回答
1894（明治 27）年	日清戦争
1895（明治 28）年	閣議、国標建設を認める決定（ただし、建設せず）
1896（明治 29）年	沖縄県、尖閣諸島を八重山郡に編入
1945（昭和 20）年	米軍、沖縄上陸、沖縄戦
1951（昭和 26）年	サンフランシスコ講和条約
1952（昭和 27）年	米民政府、琉球政府章典公布
1969（昭和 43）年	国連アジア極東経済委員会、海底資源調査報告書
	沖縄県石垣市、尖閣諸島に標識設置
	台湾政府、大陸棚の資源に対する主権声明
1970（昭和 45）年	琉球政府、尖閣諸島領有権主張
	『人民日報』、尖閣諸島領土論主張
1971（昭和 46）年	日本政府、尖閣領土統一見解まとめる
1972（昭和 47）年	沖縄「返還」
1995（平成 7）年	沖縄少女暴行事件
1978（昭和 54）年	日中平和条約批准書交換、「尖閣諸島棚上げ」論
2010（平成 22）年	中国漁船・海上保安庁船衝突事件
2012（平成 24）年	日本政府、尖閣諸島「国有化」
	オスプレイ沖縄配備

第5章　今後の課題

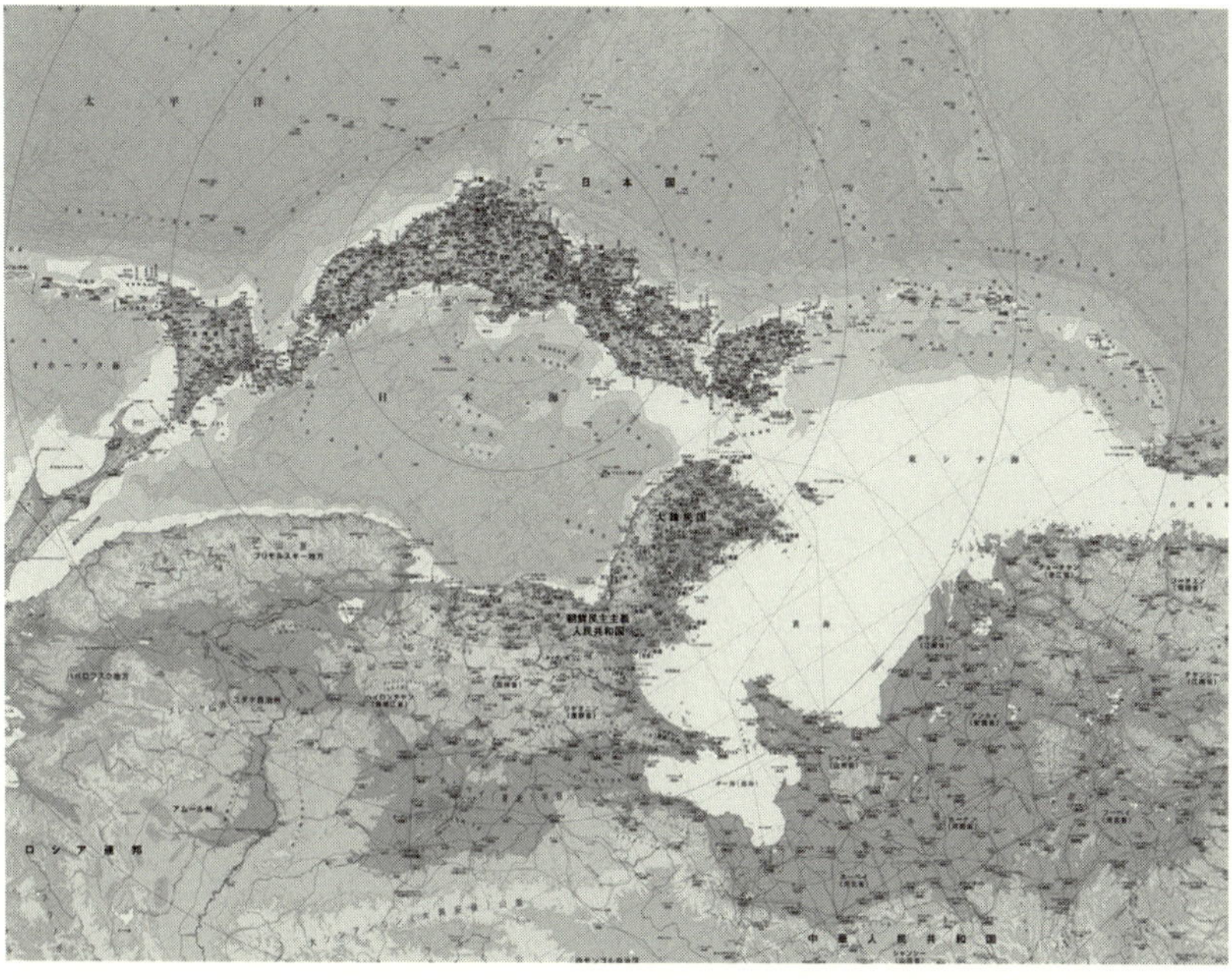

前田　三つの領土問題について話してきましたが、痛感するのは、なぜ日本がこれほど領土問題を解決できず、周辺諸国と協調できないのかについてです。北方領土、竹島、尖閣諸島は歴史も地理的位置も異なりますから一緒にはできませんし、日本には日本の言い分があることもわかります。しかし、三つの領土問題を解決するどころか、ここまで紛糾させ、こじらせる原因は、政治家と外交官にその能力がないのか、あるいは、解決しないために必死に足の引っ張り合いをしているのか。

木村　我々の活動目的である失地恢復（レコンキスタ）を政治家や外交官たちは本気でやっていませんね。お互いに足を引っ張り合っていますね。また、我が国をコントロールしているアメリカの意思が影響していますよ。

前田　三つの領土問題は、いずれも近代日本の地理的膨張によって始まったことが共通しています。それを「帝国主義」と呼ぶかどうかは別として、日本民族（大和民族）が周辺諸民族に対して、これを同化したり、排除してきた歴史の中で領土問題が形成されました。

木村　それは歴史の必然であったといえます。我が国が主権国家の概念を西欧に見習って形成してきたことは事実ですが、まさに我が国も「坂の上の雲」を歩まざるを得なかった。そうでなければ、日本そのものが奴隷の国になってしまったでしょう。日本的な道義理想で周辺諸国を統べていったのですが……。

前田　三つの領土問題は、同時に、第二次大戦後の戦後処理過程に困難の要因が含まれています。

木村　こちらの方が直接的な領土問題の派生の要因になっていると思います。少なくとも、ドメスティックな問題解決でないからです。

前田　木村さんは、北方領土の解決のために当時大統領だったメドヴェージェフが国後を訪問した際に、首相だった菅直人が国後を訪問して、交渉を申し入れるべきではないかと提案されています。とても重要な指摘です。２０１２（平成24）年12月16日放送の『たかじんのそこまで言って委員会』（よみうりテレビ）に出演されて、「北方領土の取り戻し方」を提案し、「かしこいオッサン大賞」を受賞されたそうです。それでは、韓国との関係で首相が竹島／独島での協議を申し入れるとか、中国・台湾を尖閣諸島に招いて協議をするのはいかがでしょうか。

木村　まずこれらの領土は戦前、我が国以外の国々が主権を行使して領有したことのない地域であったことを確認したいと思います。主権とともに、人々の定住地域として我が国が領有していたわけです。日本人も住んでいました。それ以前の歴史において、他の国々の人々が開拓、管理、定住するということはありませんでした。この点を踏まえた上で、韓国大統領との首脳会談を我が国首相が竹島を訪れて行うのは良いことでしょう。尖閣においても然りです。

前田　ところで、木村さんが尖閣諸島に上陸した際、食用として連れて行ったヤギを置いてきました。現在、ヤギが増えすぎて、木の葉や草を食べつくして「食害」になっているという話です。責任を取らなくてはなりませんよね（笑）。

木村　その通りです。連れていった当事者として、ヤギの移送・駆除をしなければならないと思っていますが、上陸は不可で、せめてもの行動として行政側にヤギの駆除を呼びかけたりしてきました。34年前の上陸時には食用として連れていきましたが、数が増えてしまった。「食害」で島の自然環境に影響を与えていることは事実です。ただ、このヤギにも所有権が存在しているようで、その後、灯台管理・維持していた人から移譲されたという人もいるようです。メモを見せてもらったことがあります。いずれにせよ、ヤギを移送させるなど、具体的な行動を取っていきたいですね。

前田　領土問題では、お互いにナショナリズムを煽って非難合戦をしています。日本でも中国や韓国を公然と誹謗中傷する意見が登場しています。領土ナショナリズムを煽って支持を拡大しようとする政治家が目立ちます。インターネット上には差別落書きがあふれています。中国や韓国側でも「抗日」「反日」ということで、無益な対立が煽られています。しかも、２０１３年初頭には、中国軍によるレーダー照射問題が起きて、いっそう軍事的緊張がもたらされています。

木村　国家間の争いになるわけですから、ある程度感情的になることは仕方がないかもしれませんが、無用な軍事的緊張を引き起こさないように、双方とも慎重にしてもらいたいですね。また、差別的言葉を語るのは内容がない上に下品ですから、我々日本人がすべきでないことです。

前田　マスメディアは、中国や韓国における「暴動」ばかり大騒ぎしています。しかし、日本でも「直接行動」と称して、自称「行動する右翼」のメンバーが差別と排外主義の行動を呼びかけ、在日朝鮮人、中国人、さらにはアイヌ民族に対して誹謗、中傷、暴力を繰り返しています。

木村 差別的な汚い言葉を浴びせるのは、その国体ないし個人の思想性の弱さの裏返しであると思います。排外「アジア」と拝外「アメリカ」の構図は最もよくないですね。

悪質な人種差別と迫害

木村 彼らの行動は私のセンスには合いません。私は、在特会（在日特権を許さない市民の会）等が組織するデモや抗議行動の中で使用された「いい朝鮮人も悪い朝鮮人も日本から出ていけ。朝鮮人は死ね」などという発言には嫌悪感を持っています。朝鮮人・韓国人が生活空間として密集している地域に乗り込んでいって罵倒を繰り返す手法は、一種のプロパガンダとしては話題性がありますが、朝鮮人・韓国人に対する言い掛かり以外の何物でもなく、自己の鬱憤晴らしの表現としか思えません。これは、フィリピン人の不法滞在者の子女のカルデロンちゃんの滞在をめぐる経緯のときにもあったのですが、私はここに何の政治的メッセージがあるのか理解できず、単なる弱い者いじめにすぎないと思いました。一切の大義を見出すことができないばかりか、矮小化された政治的稚拙な行為であるとしか思えませんでした。

前田　在特会などのやっていることは悪質な人種差別と迫害であり、ヘイト・クライム（憎悪犯罪）です。たまたま差別発言をしてしまったのではなく、インターネットを駆使して差別と迫害の直接行動を呼びかけています。ナチス・ドイツ初期におけるユダヤ人差別として有名な「水晶の夜」事件を想起しますね。１９３８年１１月、ドイツ各地で反ユダヤ主義暴動が起きて、ユダヤ人の住宅や商店が襲撃されました。粉々になったガラスが水晶のように見えたと言います。現在も世界各地で人種や民族や宗教の違いを理由にした差別と迫害が続いています。非常に深刻な問題です。

木村　北朝鮮が核実験を行ったことに対する抗議だとか、韓国の竹島不法占拠に対する抗議などには一定の政治的メッセージが込められていると理解できます。私も北朝鮮・韓国の不法、不当には断固として抗議を行い、問題を解決するために微力ながら尽力しています。ところが、在特会の行動や主張は、問題を解決するというよりはヘイト・スピーチを繰り返し、自己の存在をアピールすることに狙いがあるように思えます。在特会の規約には「反対派との対話」などが謳われていますが、実際どのぐらい対話集会が持たれたのか疑問です。

前田　在特会が注目を集めた時期にはすでに問答無用の攻撃をしていました。カルデロン事件の退去強制命令が２００６年11月でした。２００９年12月には在特会メンバーが京都朝鮮学校襲撃事件を起こして四人が有罪となっています。その後も徳島県教組乱入事件、水平社博物館差別街宣事件、ロート製薬強要事件などを引き起こしています。しかも、行動がどんどん過激になってきています。朝鮮人や中国人に対する差別、中傷、侮辱、名誉毀損、脅迫、強要、器物損壊、威力業務妨害と、犯罪のオンパレードです。

木村　私は右翼民族派活動家として、日本国民という意識を持ち、国のために奉仕する活動スタイルです。一種の自己犠牲の精神といってよいかもしれません。いろいろな政治的問題ではたしかに抗議行動をしますが、昔よく言われた「体を懸ける覚悟があるのか」というスタイルでした。しかし在特会の活動は、頭が良い分、ヘイト・スピーチを行うことによって存在感をアピールし、自己犠牲というよりは承認願望が背景にあるような行動スタイルが多いように見受けられます。そこに「市民の会」と名乗るうえでの自己規定がされているのでしょう。どうも彼らは自己を客観化できない集団のようです。そうなると、このような組織体は早晩なくなっていくものと思われます。このようなデモに何回か参加したものの、途中で「俺が、俺が」の世界に嫌になって途中でデモや抗議行動から離れた人物と話したことがありますが、そういう人のほうがむしろ一皮剥けて強くなったような印象を持ちました。

前田　以前は及び腰で在特会には触れないようにしていたマスメディアも、「殺せ」デモに至って、ようやく批判記事を書くようになりました。弁護士等も各地で人権擁護の声をあげています。市民の中からも様々な「対抗行動」が取り組まれはじめました。

木村　一部には外国で使用されている民衆扇動罪などを制定して法律で規制すべきだという意見があります。しかし、私はその意見には同調しません。被害を受ける側はたしかに大変で不愉快でしょうが、在特会を口実にして、権力を批判する大きなうねりにも拡大適用されることのおそれがあるからです。自分自身で問題意識を持って、今行っている在特会の活動から目覚めることを願ってやみません。

前田　私は『ヘイト・クライム』（三一書房労組）を出版して以後、各国の状況を紹介してきましたが、ヘイト・クライム処罰は世界の常識です。ドイツ、フランス、イタリア、スペイン、ポルトガル、オランダ、ベルギー、ノルウェー、スウェーデンをはじめ数十カ国のヘイト・クライム対策では、暴力を伴うヘイト・クライムの処罰はもちろん、言葉による人種差別や差別煽動をヘイト・スピーチとして処罰するのは当たり前です。そもそも、国際自由権規約も人種差別撤廃条約も処罰を要求しています。

アジアとの真の関係の構築を

前田　脱亜入欧以来、連綿と続いているのかもしれませんが、一方で、アジアに対する蔑視や優越感でものを語りたがります。最近では中国や韓国に追いつかれた焦りが見え見えです。他方で、アメリカに対する視線も捻れています。

木村　アメリカによる支配をはねのける必要がありますが、だからと言って「反米」というわけではありません。アジアに対してもアメリカに対しても、排外主義ではなく、自主・独立を踏まえた友好関係を築く必要があります。

前田　歴史的に日本はアジアにもアメリカにも多くを学んできました。そこから豊かな財産を築くことができたと思います。一水会は、民族の尊重を掲げています。東アジアにおける諸民族の尊厳を尊重しながら、どのように平和な秩序を作っていくのか。最後にもう一度整理していただけませんか。

木村 我々は自分たちの民族が大切であるとの認識に立っています。それは逆の立場から見れば、他の民族の方々も、同じことがいえると思うのです。民族生存の相互尊重です。それを前提にして、諸問題を解決していかなくてはならない。そのためには、我が国が完全独立するしかないのです。そして、憲法改正、安保破棄を通して、国家の生存を保持でき得る体制を創らなければなりません。それは、アジア地域からの米軍の完全撤退を成し遂げるということです。さらに南北朝鮮の統一をまず実現させなければ米軍の撤退はあり得ません。中国の海洋軍事路線の拡大も慎むべきだと思います。これらはアジアに米軍を留める口実になってしまいかねません。戦後の日本が戦前の体制を批判されて封印されてきている状態を打破することから、アジアとの真の関係が構築できると思っています。日本贖罪史観は、歴史の大局という視点を忘れさせています。

あとがき

本書は、２０１２年度の東京造形大学における講義科目「政治学」に木村三浩さんをゲスト講師としてお招きして、インタヴューを行った記録である。第一回が北方領土（６月４日）、第二回が竹島（６月11日）、第三回が尖閣諸島（６月18日）である。その後の情勢変動に応じてアップ・ツー・デートなものにするために、若干の加筆訂正を加えた。

木村さんと初めて会ったのは、２００８年の夏だったと記憶している。私が主催して東京都八王子市内で「左右激突対談　内田雅敏対鈴木邦男」という集会を開催した。ちょうど映画『靖国ＹＡＳＵＫＵＮＩ』（李纓監督、２００７年）の上映をめぐって激しい論争が起きていた時期である。弁護士で靖国神社問題に取り組んでいた内田さんと、一水会顧問の鈴木さんの初対決であった。この頃、木村さんが右翼・民族派の人々に「映画を観ずに上映反対と叫ぶのではなく、観てから批判しよう」と呼びかけて上映会を開催したことをニュースで知ったのだが、内田・鈴木対談の後にＪＲ八王子駅南口の呑み屋に移動して二次会を開いていたところへ、木村さんがやってきた。八王子花火大会の夜だった。そこで初めて会ったのだが、すでに酔っぱらっていたので、どんな話をしたかは覚えていない。

この時に、同じ八王子市民だとわかったので、後に木村さんを講義のゲストとしてお招きすることになった。木村さんは何よりも反対意見に耳を傾ける姿勢が明確である。自分の立場を確立しているから、他者の立場に配慮する。譲るべきところは譲るが、譲れない線は頑として守る。それでも、まず他者の意見に耳を傾ける。だったら議論ができる。そう考えて依頼したところ快くお引き受けいただいた。

前日まで、学生は「えええっ、右翼が来るって本当ですか。大丈夫ですか」などと言っていた。街宣車が押し寄せてくると思ったそうだ。

私自身、市民集会等でいろんな人にインタヴューをしてきたが、対立する立場ではなく、どちらかと言えばお仲間意識を持った相手へのインタヴューだった。また、講義の中でのインタヴューも初めてだった。立場の異なる木村さんへのインタヴューは、文字通り試行錯誤だった。三週連続というハード・スケジュールだったが、木村さんは、どの質問にも誠実に答えてくれた。わからないことはわからないと言い、安直な質問には厳しく反問してくれた。おかげで学生には大好評で、多くの学生が「竹島は日本のものだ」と言い出すようになって、困った。

この記録を出版しない手はないと思い、再生間もない三一書房編集部にお願いしたところ、幸いなことに対談の意義を認めていただいて、出版にこぎつけることができた。

なお、記録のテープ起こしは麻植久視子さん（東京造形大学メディア・デザイン専攻学生）に協力していただいた。

２０１３年３月21日　　人種差別撤廃国際デーに

前田　朗

木村三浩（一水会代表）
昭和31（1956）年、東京都文京区生まれ。慶応義塾大学法学部卒業。昭和56（1981）年、「反米愛国・抗ソ救国・民族自決・反権力」を掲げた新右翼「統一戦線義勇軍」の結成に参画し、議長に。日本のアメリカからの独立を求める「ヤルタ・ポツダム体制打破」へ向けた活動。右翼民族派では画期的な池子米軍住宅建設反対などの闘いを実践した。アメリカのイラク侵略戦争に断固反対した。フランス、ドイツ、ロシアなど民族主義政党・団体と交流。平成12（2000）年から一水会代表。著書に『右翼は終ってねぇぞ――新民族派宣言』（雷韻出版）、『憂国論――新パトリオティズムの展開』（彩流社）、『「男気」とは何か――軟弱なる時代に学ぶべきこと』（宝島社）。

前田　朗（東京造形大学教授）
1955（昭和30）年、北海道札幌市生まれ。中央大学法学部、同大学院を経て現職。専攻は戦争犯罪論、刑事人権論。日本民主法律家協会理事、在日朝鮮人・人権セミナー事務局長、朝鮮大学校政治経済学部講師。著書に『非国民がやってきた!』（耕文社）、『戦争犯罪論』、『人道に対する罪』、『9条を生きる』（以上、青木書店）、『平和への権利を世界に』（共編、かもがわ出版）、『ヘイト・クライム』（三一書房労組）。

領土とナショナリズム　民族派と非国民派の対話

2013年5月17日　第1版第1刷発行

著　　者　木村 三浩／前田 朗　共著
発 行 者　小番 伊佐夫
発 行 所　株式会社　三一書房
郵便番号 101-0051
東京都千代田区神田神保町 3-1-6
電話：03-6268-9714
メール：info@31shobo.com
ＨＰ：http://31shobo.com/
装　　丁　デー・ゲー
Ｄ Ｔ Ｐ　東京キララ社
印刷製本　シナノ印刷株式会社

ISBN978-4-380-13005-2　C0036

百人百話 第1集
故郷にとどまる 故郷を離れる それぞれの選択

福島の地で暮らしてきた100人、一人ひとりの思いをインタビューで紡ぎだす一人語り、第一集（第1～30話）。

岩上安身

四六判／350頁／1700円／12000-8

デモ！ オキュパイ！ 未来のための直接行動

今、何が起きているのか？　弾圧とどう闘えばよいか？
デモの自由、路上・広場の自由とは何か？

三一書房編集部編

四六判／223頁／1700円／12008-4

ボクが東電前に立ったわけ
―― 3・11 原発事故に怒る若者たち

街へ出よう！　原発を止めよう！
……社会を揺り動かす大きな闘いの記録。

園 良太

四六判／144頁／1200円／11001-6

新装改訂 原発被曝列島 ―― 50万人を超える原発被曝労働者

不屈の報道写真家が40年間追い続けた事実。被曝労働なしに原発は稼働も廃炉もできない！

樋口健二

四六判／248頁／1400円／11000-9

三千里の山河

一朝鮮はもともと一つの国であった
世界史に例のない奇跡の実相がここにある。<翻訳出版>

金秀景著 金斗権訳

A5判／560頁／4200円／12004-6

004『あぶないハーブ』―― 脱法ドラッグ新時代

繁華街の片隅で売られている「合法ハーブ」とは？

事件・事故が多発している脱法ハーブの危険性を報告。

小森榮著　牧野由紀子薬学博士：化学指導

A5 判／110 頁／1000 円／12803-5

008『原発と御用学者』―― 湯川秀樹から吉本隆明まで

「原子力マフィア」の一角を占める大量の御用学者たち。その社会的責任を追及する。

土井淑平

A5 判／118 頁／1000 円／12807-3

007『原発事故と被曝労働』―― 3・11 後の被曝労働の実態

報道写真家：樋口健二氏推薦！

深刻化する収束・除染作業、拡散する被曝労働の現場！

被曝労働を考えるネットワーク編

A5 判／118 頁／1000 円／12806-6

単行本

あぶない地名 ― 災害地名ハンドブック

地震、津波、洪水、地すべり、崖崩れ… 危険な土地は地名でわかる！

災害地名集。

小川 豊

四六判／252 頁／1800 円／11002-3

SOS ！ 500 人を救え！―― 3・11 石巻市立病院の 5 日間

3・11 非常事態発生！その時……津波にのみこまれ、全電源を喪失するなか取り残された 500 人の奇跡の救出ドキュメント。

森安章人著 清水一利編

四六判／222 頁／1500 円／13003-8